労働法入門 新版

水町勇一郎
Yuichiro Mizumachi

岩波新書
1781

はしがき——新版執筆にあたって

二〇一八年六月、働き方改革関連法が成立し、二〇一九年四月から施行され始めた。

この「働き方改革」は、日本の労働法としては、終戦後の労働三法の制定以来の「七〇年ぶりの大改革」とも言われるものであり、日本の働き方や働く人の意識そのものを変えることを目指した改革である。その主な内容は、時間外労働に法律上罰則付きで上限時間を設定すること、会社に年休を付与する義務を罰則付きで課すこと、正社員と非正社員(パートタイム労働者、有期雇用労働者、派遣労働者)との間の待遇格差の是正を図ることにある。

そのほか、本書の初版を執筆してから、労働基準法、労働契約法、パートタイム労働法、労働者派遣法、労働安全衛生法、障害者雇用促進法、育児介護休業法、女性活躍推進法など、さまざまな法律の改正・制定が行われた。労働条件の変更、定額残業代の規制、マタニティ・ハラスメント、非正社員の待遇改善などの分野では判例の発展も著しい。

これらの法律改正や判例の展開の状況を盛り込みながら、近年大きく発展している労働法の背景とその基盤・特徴を描き出すというねらいで、本書を改訂し、新版を世に出すことにした。この新版によって、社会の変化と結びつきながら日本の労働法が発展している姿を感じとっていただけたら、うれしい。

はじめに――働くことと法

末広さんの悩み――働くよりも……

末広さんの人生の楽しみは、働くことより、趣味に生きること。なかでも、旅行にいったりおいしいものを食べたりすることに、生きがいを感じている。最近特に凝っているのは、アジアである。

他人から命令されたり、いろいろと縛られて働くのは好きではない。でも、お金がなければ旅行にも食事にもいけないので、最低限の生活費と旅行資金を稼ぐためにしぶしぶ働いている。今の最大の楽しみは、この夏に三週間の休みをとって東南アジアの各国を周ること。一年前からいろいろと計画を立ててきた。

ところが、その直前になって上司の中村さんから、「末広さん、九月に新しいプロジェクトを立ち上げることになった。その準備に早急にとりかからないといけないので、休みをとるのを延ばしてくれないか。プロジェクトが軌道に乗ったら、まとまって休みをとっていいから」

といわれた。

でも東南アジア旅行の醍醐味は、夏の暑いなかで辛いものを食べまくることにある。旅行の計画ももう完璧に立てているし、後は出発するだけの状態になっている。プロジェクトといってもうまくいくかどうかなんてわからないし、上司のいうとおりにしたらいつ旅行にいけるかわからない。でも上司のいうことに逆らったら、会社は何をするかわからないし、それこそ解雇されたりしたら、その後は旅行にいくどころじゃなくなってしまう。

末広さんはどうしたらいいか悩んでいる。

中村さんの悩み——仕事が趣味なのに……

末広さんの上司の中村さんは、仕事が生きがい。この会社に入ってから三〇年以上、会社のために一心不乱に働き、同僚や先輩・後輩との付きあいも大切にしてきた。そして、五五歳のときに企画開発部長になった。でも最近の商品開発の速さはめまぐるしく、市場の動きや技術の変化に付いていくのがだんだん難しくなってきた。五九歳になり、定年の六〇歳まであと一年となったので、最後にもう一花咲かせようと思い、部下のなかでも面白い発想をもった末広さんをメンバーに入れて新しいプロジェクトを立ち上げようと考えている。

その矢先、会社の人事担当の浜田専務から呼び出された。そして、「中村さん、このところヒット商品がぜんぜん出てないですね。そろそろ企画開発部長の職は若い者に譲ってもらおうと思っています。中村さんは定年まであと一年ですから、とりあえず人事部付きとしてしばらく自宅で休養してもらえませんか。新しい適任のポストがみつかればそこに配属しますから。給料は会社の規則に従ってお支払いします」といわれた。

とりあえず自宅で休養といわれても、仕事以外に趣味らしい趣味はないし、家にいても家族に邪魔者扱いされそうな気がする。できればせめて定年までは会社で働いていたい。このことを会社にいったら、会社は聞いてくれるのだろうか。

中村さんも悩んでいる。

「労働」観と「法」

同じ日本のなかでも、そして同じ会社のなかにも、末広さんや中村さんのように、働くことに対する考え方が違う人がいる。そして、それぞれ悩みを抱えている。このような二人に対し、法はどのように応えているのか。働くことをめぐる法である労働法は、人びとの労働に対する意識や考え方を反映しながら、形作られてきた。

労働法が最初に生まれたのは、ヨーロッパである。ヨーロッパの歴史のなかで、働くことはどのように捉えられてきたのか。そしてそこでは、労働法はどのような性格をもつものとなっているのか。

アダムとイヴ――「罰」として課された労働

神はいった。「園の中央に生えている木の実だけは、食べてはいけない」と。

イヴがみると、その木の実はいかにもおいしそうで、賢くなるようにそそのかしていた。イヴは実をとって食べ、それを渡されたアダムも食べた。

その日、風の吹くころ、神が園のなかを歩く音が聞こえてきた。……

アダムをみつけた神はいった。「取って食べるなといった木から食べたのか。」

アダムは答えた。「あなたがわたしと共にいるようにしてくださった女が、木から取って与えたので、食べました。」

神はイヴにいった。「お前のはらみの苦しみを大きなものにする。お前は、苦しんで子を産む。」

神はアダムにいった。「お前は女の声に従い、取って食べるなと命じた木から食べた。お前のゆえに、土は呪われるものとなった。お前は、生涯食べ物を得ようと苦しむ。」（旧約聖書「創世記」第三章より〈新共同訳〉参照）

禁断の木の実を食べたイヴとアダムは、こうして、神から「苦しんで子どもを産むこと」と「食べ物を得るため苦しんで働くこと」という罰を課された。

英語の labor という単語には、骨の折れる仕事（労働）という意味のほかに、出産の苦しみ（陣痛、分娩）という意味がある。フランス語で労働を意味する travail は、動物をつなぐための三本の杭でできた鉄具（転じて人間への拷問道具）を指すラテン語 *tripalium* をその語源としている。英語やフランス語の労働という言葉には、労働を罰とみるキリスト教（カトリック）の精神が込められている。

これらの社会には、労働を苦しみと捉え、そこから逃れたいという意識の強さを容易に見いだすことができる。

ルター――「天職」としての労働

ドイツの神学者マルチン・ルターは、聖書（旧約聖書および新約聖書）の解釈として、次のように述べた。

「神はアダムに、いたずらに時を過ごすことのないようにと、パラダイスで植え、耕し、守る仕事をお与えになった。これはまったく自由な行いであったし、ただ神の御心にかなうことのためになされた。……ただ、神の御心にかなうようにと、このような自由な行いをすることを命じられているのである。」(『キリスト者の自由』第二一より〔徳善義和訳〕参照)

「もし彼が、彼の身分や職務の中に留まり、求められていることを行うならば、彼は悪い木ではありえない。……神が命じられている行いは、人が決して悪と呼ぶことのできない価値を持つに違いないからである。」(『「山上の教え」による説教』聖マタイの第七章より〔徳善義和・三浦謙訳〕参照)

聖書の解釈を改め、宗教改革を先導したルターにより、労働は神から命じられている行いであり、神の御心に適うように労働に励むことによって、人はよい木に留まり、よい実を結ぶとされたのである。

ドイツ語で職業を意味するBeruf(英語ではcalling)は、神から呼び召された使命(天職)という意味をもっている。ルターを先駆者とする宗教改革の進展に伴って、新教徒(プロテスタント)の間には、禁欲的に生きること、神から与えられた職業(天職)に勤しむことによって神の救いの確証が得られるとの考えが広がり、まじめに働くこと自体に道徳的価値が見いだされるようになる。

この新たな労働観が社会的に浸透したイギリスとアメリカにおいて、いち早く産業革命がおこり、近代資本主義が急速な発展をみた。勤労を奨励するプロテスタンティズムの倫理と近代資本主義の誕生との関係を明らかにしたのは、近代社会学の創始者とされるマックス・ヴェーバーである。

末広さんがフランスで働いていたとすれば……

フランスでは、キリスト教カトリックの影響が今でも社会的に根強く残っている。働くことを苦しみ(罰)と捉え、働くことから解放された自由時間や余暇(バカンス)を楽しむ人が少なくない。フランスの労働法のなかには、その精神が随所にちりばめられている。

フランスの労働法典は、労働者に年間三〇日(五週間)の年休(年次有給休暇)の権利を認めている。そのうち一二日(二週間)ないし二四日(四週間)の年休は、「主たる休暇」として、原則として五月一日から一〇月三一日までの時期に、連続して与えなければならないとされている(長期のバカンスの保障)。

年休の取得時期は、労働組合との合意である労働協約の定めにより、または、従業員の代表との協議を経て、使用者（会社）が決定する。使用者がこの年休計画表（年休カレンダー）を決定すると、その予定通りに年休がとられていく。フランスには年休の「未消化」という問題はなく、年休の予定が会社側の事情により変更されることもない。年休は年休カレンダー通りに一〇〇％取得されていくのである。

もし末広さんがフランスで働いていたとすれば、会社の都合によって年休の時期を変更されることはなく、無事に東南アジア旅行にいって労働から解放された時間を楽しめたはずである。

中村さんがドイツで働いていたとすれば……

ルターやヴェーバーの祖国であるドイツでは、キリスト教プロテスタントの影響が小さくない。働くこと自体に道徳的価値（徳）を見いだす考え方が社会的にも広くみられ、その精神は労働法のなかにも反映されている。

ドイツの判例は、そもそも労働者が会社に働かせてくれと求めることができるかについて、次のように述べている。

「労働は、労働者にとっては精神的・肉体的な能力の発展、したがってまた人格の発展の重要な可能性である。……こうした人格発展の可能性が労働者から奪われたならば、それは人間としての尊厳にかかわることである。……労働関係における特別な利益状況から、労務給付は単に経済的な財ではなく、労働者の人格の発露であると理解することが要求される。」

このように、ドイツの判例は、原則としてすべての労働者に、使用者(会社)に働くことを求める権利を認めている(ドイツ連邦労働裁判所一九八五年二月二七日決定)。働くことそのものに人間的な価値が認められ、それが法のなかに権利として取り込まれているのである。

もし中村さんがドイツで働いていたとすれば、家で趣味もなく無為な時間を過ごすのではなく、会社に働くことを求め、仕事に打ち込むことによって自己実現ができたかもしれない。

日本の「労働」観——「家業」としての労働

では日本では、末広さんや中村さんはどうなるのだろうか。まずは、日本人の労働観について考えることからはじめよう。

ヨーロッパの宗教改革からすこし時を経た江戸時代の日本。労働は日本独特のイエの理念と結びつけられ、「家業」として観念されていた。

この「家業」の観念は、家族の生活手段を得るための「生業《なりわい》」としての側面とともに、社会(世間)から与えられた自らの分を果たすという「職分」の側面をもつ。この二つの側面が相互に浸透・並存しあう形で、日本に固有の労働観が形成されていた。このうち「職分」を遂行するという点では、武士も、農民も、工人も、商人も同じ観念の下に位置づけられていた。江戸時代中期の思想家である荻生徂徠《おぎゅうそらい》が「全人民役人」と呼び、それとほぼ同時代に石門心学を開いた石田梅岩《ばいがん》が「四民の職分」と呼んだこの職分観は、士農工商という所与の世襲的身分を正当化・固定化する役割を果たしていた。

「家族のため世間のために働くこと」を天職とするこの労働観は、明治維新以降、日本が近代化を推進していく大きな力となったといわれている。明治維新によって世襲的な身分制度の枠から解放された庶民層が、新たにイエを築き、立身出世して世に貢献することを目指して、懸命に働こうとするエネルギーが、日本の近代化を推し進める一つの源泉となったのである。

この日本的なイエ――そこには家族だけでなく準イエとしての企業共同体も含まれる――と結びついた労働観は、一方で、中村さんのように、仕事を生きがいとし会社での人間関係を重んじる意識として、今日の日本でも部分的には生き延びている。もっとも他方では、末広さんのように、仕事よりも余暇や私生活を重視する意識も広がりをみせている。

NHK放送文化研究所の「日本人の意識」調査によると、一九七三年には、余暇より仕事を大切にする人は四三・九％（仕事絶対八・二％、仕事優先三五・七％）、仕事より余暇を大切にす

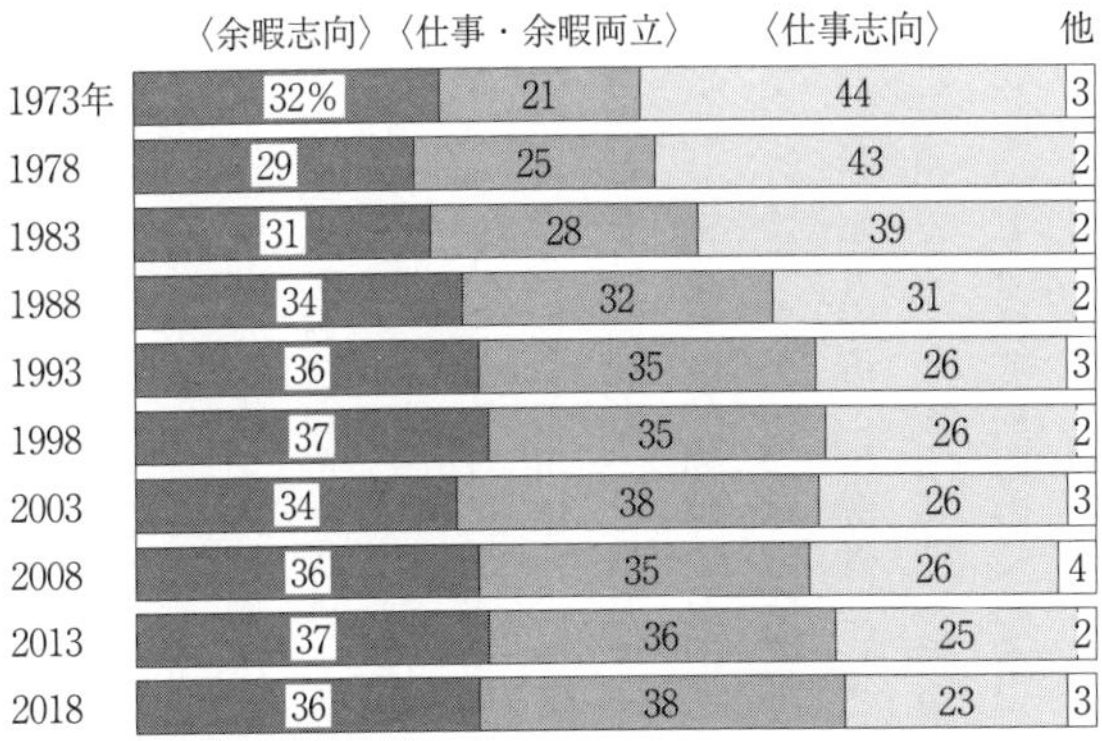

出典：NHK 放送文化研究所「日本人の意識」調査（1973〜2018 年）

図1 仕事と余暇のどちらに生きがいを求めるか（意識調査，男女計）

る人は三二・一%（余暇絶対四・〇%、余暇優先二八・一%）であった。しかし、その四五年後の二〇一八年には、余暇より仕事を大切にする人は二三・三%（仕事絶対三・九%、仕事優先一九・四%）、仕事より余暇を大切にする人は三五・九%（余暇絶対一〇・二%、余暇優先二五・七%）と、両者の比率は逆転している。同時に、仕事にも余暇にも同じくらい力を入れる人（仕事・余暇両立）は、二〇・九%から三八・一%に増えている（図1参照）。

二人が日本で働いていたとすれば……

二人の問題を法的に考えてみよう。

日本では、末広さんの問題は、すこし堅い表現を使えば、労働者による年休の時季指定に対し、会社側の時季変更権の行使が適法かどうかという問題になる。

日本の法律は、年休を取得する時季（時期と季節という二つの意味を込めて法律上「時季」という言葉が使われている）を指定する権利を基本的に労働者に与えつつ、会社の都合が悪い場合には、その時季を会社側が変更できるとしている（労働基準法三九条）。この会社による年休時季の変更が適法かどうかは、労働者による年休時季の指定が「事業の正常な運営を妨げる」かどうかによって決まる。会社としては、その人がそのときに年休をとると業務の遂行に支障が生じ他の人で補充することも難しいという事情があれば、年休の時季を変更できるのである。そのときの会社側の事情によっては、末広さんは夏に東南アジアにいけなくなるかもしれない。

中村さんの問題も、日本ではそう簡単にはいかない。日本の裁判所は、会社と労働者との間の契約である労働契約は、原則として、労働者が働く義務を負い、会社がその対価として賃金を支払うことを義務づける契約であるとし、働くことは労働者の義務ではあるが、権利ではないと判断している。労働者としては、この原則と異なる合意、つまり、会社に働くことを求めることができるとする特別の約束の存在を証明できなければ、会社に働くことを求めることはできないとされているのである。中村さんは、会社から賃金が支払われている以上、さらに仕事までさせてくれと求めることは難しそうである。

日本の労働法――その基盤と役割

労働をめぐる法である労働法は、人びとの労働観、その背景にある宗教観や社会観などと密接にかかわりあいながら存在している。またそれは、その国の経済や社会のあり方に影響を及ぼすものでもある。

日本では、ヨーロッパやアメリカなどの外来の法技術を輸入しながら、労働法の基盤や枠組みが形作られていった。しかし同時に、その中身には日本の文化や精神が色濃く反映され、ヨーロッパやアメリカにはみられない独特の内容をもつものとして、日本の労働法は形成されていったという側面もある。日本の労働法は、どのような基盤と特徴をもつものなのか。この本では、欧米の労働法との比較を交えながら、日本の労働法の本質と特徴を明らかにしたい。

また、日本には、長時間労働など過酷な状況で働くことを強いられ病気になってしまった人、会社を辞めようとしても「代わりを連れてくるまで辞めさせないぞ」と脅されて辞められない人、大手取引先からの無理な注文や価格引下げの圧力を受けて賃金が減らされ生活が苦しくなってしまった人、正社員として働きたいのに正社員として就職することが難しく派遣や有期契約で働くなか賃金の低さや雇用の不安定さに悩んでいる人、会社から解雇されて失業し再就職先がみつからないまま長期の失業状態に陥ってしまった人、何十社からも断られながらようやく内定をもらったのに会社からちゃんとした説明もないまま内定を取り消されてしまった人など、深刻な労働問題に直面している人たちがたくさんいる。これらの人たちに救済の手を差し延べるのが、労働法の重要な役割である。また、このような状況が生じないように問題の予防を図っていくことも、労働法の重要な機能であり、課題でもある。この本では、このような労働をめぐる現実の諸問題に対して、日本の労働法はどのように対応しているのか、対応していくべきなのかのポイントを明らかにしたい。

この本を通じて、労働法が皆さんの生活や意識と結びついた身近なものであり、皆さんの手や声によって動かしたり変えたりすることができるものであることを実感してもらえることを願っている。

目　次

第1章 労働法はどのようにして生まれたか

労働法の歴史

人間はずっと昔から働いていた。しかし、現在私たちが目にしている「労働法」は、そんなに昔からあったわけではない。

古代ローマ時代には、奴隷が家事労働をしていた。また、中世ヨーロッパでは、大工、鍛冶、荷役人夫、飛脚、髪結い、大道芸人など、さまざまな人たちがさまざまな形で働き、お金を得ていた。しかしまだ、この時代には、今日の意味での労働法はなかった。今日の労働法の前提となっている、いろいろな働き方を包括的・統一的に捉える「労働」という概念がなかったからである。当時の労働関係は、それぞれ異なる多種多様な作業・活動として捉えられ、領主・地域・家族や同業組合(ギルド)などの人的なつながりのなかで別々に規律されていた。

これらの多様な作業・活動が「労働」という一つの概念で包括的に捉えられるようにな

ったのは、アダム・スミスが『国富論』によって経済学の道を拓いた一八世紀後半であったといわれている。そして、この統一した「労働」概念のもと、これに国家が社会的な保護を与える今日の意味での「労働法」が生まれたのは、一九世紀のことである。まず、その当時の社会の状況からみてみよう。

1　労働法の背景――二つの革命と労働者の貧困

ナポレオンの甥――「貧困の根絶」の訴え

フランスの皇帝ナポレオン・ボナパルトには、甥《おい》がいた。ナポレオンの弟の息子にあたるルイ・ナポレオンである。彼は、一八四八年フランス大統領選挙で当選し、一八五二年には国民投票で皇帝となってナポレオン三世と称することになる。ここまでは、高校の世界史の教科書にも書いてある。しかし、このナポレオン三世が、政治の表舞台に立つ前の苦渋の時代に、当時の労働者階級の現状を分析し、フランス社会の改革案を示した書物『貧困の根絶』(一八四四年)を書き上げたことは、日本ではあまり知られていないのではないだろうか。

そのなかで彼は、当時のフランスの状況を次のように語っている。

工場は、富の源泉とされている。そこにはいまや、規則も組織も目的もない。それは、制御するものなく動いている機械である。それを動かしている力のことなど、工場にとってはどうでもよいことである。工場は、人間をまるで物質・材料であるかのようにその歯車のなかで押しつぶしながら、農村を過疎化させ、人びとを息の詰まる空間へ密集させ、その精神を抜け殻にしてしまい、そして、必要がなくなると、工場を繁栄させるためにその力、その若さ、その生涯を犠牲にしてきた人びとを路頭に迷わせてしまうのである。工場は、労働者にとってまさに農耕の神サターン(ローマ神 Saturne)にあたる。この神は、その子たちをむさぼり食い、その死を糧に生きている。

実際に、当時のフランスの工場では、日当たりも風通しも悪く、労働災害や職業病も頻発していた。一日の労働時間は一二時間から一五時間で、祝日や休暇はなく、場合によっては日曜休日もなく、継続して働かされるという劣悪な状況がみられた。一八四八年には、工場労働者の平均賃金(日額)は、男性二フラン、女性一フラン、子ども〇・五フランで、四人家族が生活するために不可欠な年間約九〇〇フランを稼ぐためには、妻や子どもも働く必要に迫られていた。また、その家計のほとんど(約四分の三)は、パン、スープ、じゃがいもなどの粗末な食事のためにあてられており、栄養状態の悪さは、日々の過重労働による疲労や不衛生な居住環境によってさらにひどいものとなっていた。それに加え、伝染病の流行や職業病・労災事故の犠牲となることが日常的にみられていたため、工場労働者の健康状態は極めて悪く、当時の工場労働者の寿命は一般に短かった。例えば、北フランスの工業都市リールの工場労働者街では、居住者の七〇%が四〇歳未満で死亡していた。ルイ・ナポレオンはこうした貧困の広がりに異を唱え、先の本を著したのだった。

なぜ、一九世紀のヨーロッパで、このように労働者が困窮する事態が生じたのか。そこには大きく二つの背景があった。

市民革命――「個人の自由」

「人は、生まれながらにして、自由であり、権利において平等である。」

歴史を五〇年ほどさかのぼった一七八九年、フランス革命が起こり、その象徴として「人権宣言」が採択された。この人権宣言の第一条は、右のような表現で、フランス革命の精神を表した。それは、それまで領主や同業組合などの伝統的な諸規制に縛られていた人びとを解放し、人びとをそれぞれ自由で独立した存在と位置づけることを意味していた。

ルイ・ナポレオンの伯父にあたるナポレオン・ボナパルトは、一八〇四年に皇帝の位につきナポレオン一世と称した。彼は、このフランス革命の精神を定着させるため、一八〇四年に民法典を公布した。いわゆるナポレオン法典である。これによって、「自由で平等な個人」たちが当事者同士で自由に締結した「契約」に基づいて社会を形作るという法秩序が築かれることになる。日本では、その約九〇年後の一八九八年に、フランス民法典などの影響を受けながら民法が施行された。

この市民法秩序は、一方で、それ以前の封建的な規制・束縛から個人を解放するという側面をもっていた。かつての封建領主や同業組合などによる束縛を受けることなく、各個人が自らの意思で働き生活する「自由」を享受することができるようになったのである。しかし、このことは同時に、人びとからかつての伝統的共同体における保護や安定を奪うことをも意味していた。人びとは地域や同業組合など国家と個人の間に介在する中間集団のなかで得られてきた助けあいや支えあいのネットワークを失う危険にさらされるようになった。「個人の自由」を得ることは、その反面で、「社会の保護」を失うことにもつながったのである。

産業革命――工業化・都市化の進展

さらに、市民革命と前後して、イギリスを起点に産業革命が起こった。

例えば、一七六九年にイギリス人のワットが蒸気機関を作り、一八一四年にはスティーヴンソンが蒸気機関車を作りだして、一八二五年にはイギリスで蒸気機関車が実用化された。これらの機械の発明により、大きな工場での大量生産が可能になり、また、大量に生産された安価な製品が他国の市場にも広く輸送され、売りさばかれるようになった。

一八世紀後半にイギリスではじまった産業革命は、一九世紀にはフランス、ドイツ、アメリカに広がり、一九世紀末ごろには日本にも訪れた。一八世紀後半から一九世紀にかけて、世界の先進諸国に、機械による大量生産の時代が到来したのである。

それ以前の労働は、例えば物を製造する作業についても、規模の小さい作業場で、親方と職人や徒弟(見習い中の弟子)とが声をかけあう家族的な雰囲気のなかで行われることが多かった。親方と職人、徒弟は同じ屋根の下に住み、職人や徒弟は親方のために働く代わりに、親方から仕事を伝授されたり、食事など生活に必要なものを提供されたりする関係にあった。

このかつての人間的・共同体的な労働関係は、産業革命が進展していくなかで、次第に大企業家とその工場で働く大量の非熟練労働者という関係に移り変わっていくことになる。大工場で大量生産された安い製品が市場に流通するようになると、小規模の作業場で作られた割高な製品はだんだん売れなくなっていき、小規模の家族的経営では生産を続けることが難しくなる。そのなかで、生産の拠点は、小規模の作業場から都市部の大工場に次第に移っていく。そこには、農村という生活拠点を離れて都市の工場街に移動してきた者や、それまで小規模の作業場で培ってきた技能（熟練）が市場価値を失い、大工場で働かざるを得なくなった者などが集まり、大量生産のための比較的単純な作業に従事することになる。そして、これらの人びとの多くは、不安定な雇用状況や劣悪な労働条件・労働環境で働くことを余儀なくされた。

　このような現象は、工業化・都市化が進んだ当時の先進諸国にある程度共通してみられるものであった。例えば日本でも、一九〇一年前後の工場労働者の実態として、次のような記録が残されている。

　紡績工場においては昼夜交代の執業方法により、その労働時間は一一時間または一一時間半（休憩時間を除く）なるを通例とす。而《しか》して職工の男女を問わず年齢の長幼にかかわらずことごとく同一に労働せしむるは言を俟《ま》たず。

始業および終業の時刻については、昼業部は午前六時に始めて午後六時に終り、夜業部は午後六時に始めて翌日午前六時に終るを通例とす。ただし時季により多少の変更ありとす。また業務の都合により居残り執業せしむること多し。通例二、三時間なれども夜業部の職工欠席多きときの如きは、昼業職工の一部をして翌朝まで継続執業せしむることなきにあらず。加之《しかのみならず》業務繁忙の場合には昼夜交替に際して、夜業者をして六時間位居残り掃除せしめ、昼業者をして六時間位早出掃除せしめ、結局一八時間を通し労働せしむることあり。(犬丸義一校訂『職工事情(上)』三五頁(岩波文庫))

このように、市民法秩序のもとで自由を享受した個人たちは、産業革命が進むなかで、劣悪な労働を強いられていったのである。

2 労働法の誕生——「個人の自由」を修正する「集団」の発明

ではなぜ、市民革命と産業革命が結びついたときに、このような事態が生じることになったのか。その根本的な理由は、労働を契約(自由な取引)の対象に委ねようとする考え方——「労働契約」または「雇用契約」という概念——が生まれたことにあった。

なぜ、労働は「個人の自由」に委ねておけないのか

そもそも労働には、物の売買などの契約とは異なり、「個人の自由」(契約の自由)に委ねておけないいくつかの重要な特徴がある。

第一に、労働契約は働く人間そのものを取引の対象とするという側面をもっている。したがって、契約の内容によっては、取引の対象とされた労働者という人間そのもの、その肉体や精神が侵害されてしまうことがある。例えば、長時間過酷な状況で働くという契約によって労働者の健康や生命が損なわれる事態が生じることがあり、本人の同意さえあればそのような危険が生じることも社会的に許容されうるのかが問題となるのである。

第二に、労働者は、会社(使用者)に比べ、経済的に弱い立場に立たされていることが多い。その理由は、労働者が自らの労働力以外に財産をもっていないことが多いことや、今日の労働力は今日売らないと意味がないため買いたたかれやすいことにあるといわれている。そのため、例えば会社と契約を結ぶときに、会社が必要以上に賃金を引き下げてきたとしても、今日や明日の生活の糧を得るために、労働者は自分が心から望んでいない条件であっても同意せざるを

得ないという事態が生じるのである。

第三に、労働者は働くときに自由を奪われていることが多い。労働契約においては、具体的にどのような方法で働くかは使用者の指示や命令（指揮命令）によって決定されるものとされており、働くときに労働者が自らの判断で行動する自由が奪われているともいえるのである。この点は、患者との契約で医療行為を行う医師（委任〔準委任〕契約に基づくサービス提供）や注文者との契約で家を建てる大工（請負契約に基づくサービス提供）と、使用者から指揮命令を受けながら働く労働者（労働契約に基づくサービス提供）とを区別するポイントとなる、労働契約の重要な特徴である。

これらの特徴をあわせもった労働契約を個人の自由に委ねておくと、さまざまな弊害が生じかねない。それが社会的に一気に顕在化したのが、一九世紀から二〇世紀にかけての工業化の時代であった。かつての社会的なつながりや熟練の価値を失った、財産をもたない大量の非熟練労働者が、自由で平等な個人による契約社会という新しい法秩序の下で、不安定で過酷な内容の契約を結ぶことを事実上強いられた。そのなかで、劣悪な労働環境や失業者としての生活不安に直面しながら、人間としての自由や尊厳を失っていくという事態が、工業化・都市化の進展に伴い、各国でみられるようになったのである。

「集団」の発明——労働法の誕生

このような事態が顕在化し深刻化するなかで、そこに現れた労働者の肉体的・経済的な危険と人間としての自由の欠如を是正する技法として発明されたのが、「集団」法としての労働法であった。ここで生まれた労働法は、市民革命がもたらした「個人の自由」を修正する技法として、次の二つの点で、法の世界に「集団」の次元を組み込んだ。

一つは、労働時間規制、社会保険制度など労働者に一律に与えられた「集団的保護」である。例えば、各国の労働時間を規制する法律は、当初は子どもや女性のみを対象としていたが、その後労働者全体にその対象を広げて、一日の労働時間の上限や休日の保障などを定め、労働者の過酷な労働に対して一律の制限(集団的な保護)を加えた。また、国が疾病保険、労災保険、老齢保険、失業保険などの社会保険制度を定めて、労働者が働けなくなったときの生活不安を社会全体で保障する制度も広がっていった。これらは、労働者を危険・過酷な労働や生活の不安定さから守るという観点から、法律が定める最低基準に違反する契約は違法無効とするなどの方法で契約自由の原則(個人の自由)に対して集団的に制限を加え、労働者に人間的な保護を与えようとするものであった。

もう一つは、労働者が団結して使用者と団体交渉をし、その際にストライキなどの団体行動をとることを認める「集団的自由」である。市民革命直後の社会では、労働者のストライキなどの集団的な活動は、個人の自由な取引を妨げるものとして、団結罪など刑事罰の対象とされていた。しかし、一九世紀後半以降、各国は次第に労働者による集団的活動を容認するようになり、使用者と締結した協定(労働協約)に法的な効力を認めたり、労働者たちが団体交渉の際にストライキなどで圧力をかけることを権利として承認するようになる。これは、個人の自由のもとで実際上自由を奪われていた労働者に対し、集団として自由を行使することを認め、労使の事実上の力関係の差を是正しようとするものであった。

このようにして、一九世紀中盤から後半にかけて、集団的保護と集団的自由を二つの柱とする集団法としての労働法の原型が、ヨーロッパを中心に誕生した。

3 労働法の発展——「黄金の循環」

ルーズベルトとニューディール

このような経緯で一九世紀に誕生した労働法は、二〇世紀になると、経済成長と強く結びつきながら大きな発展を遂げていく。その一つの起点となったのは、一九三〇年代アメリカのニューディール政策であった。

ニューディール政策の目的の一つは、大恐慌の要因となった過少消費の克服にあった。一九二〇年代の自動車、電気製品をはじめとする大量生産・大量消費ブームのなかで、工業製品の生産量は大きく伸びていった。それに対して、労働者の実質賃金はそれほど上昇せず、同時に貧富の差も拡大傾向にあった。そのため、一九二〇年代の後半には消費が過剰な生産に追いつかなくなっていった。そして一九二九年に大恐慌に突入すると、多くの企業は賃金や雇用を維持できず、消費の冷え込みがさらなる不況をもたらすデフレ・スパイラルの状態に陥った。この自由放任資本主義に内在する構造的な問題を克服するために、ルーズベルト政権は労働者層の購買力を引き上げることを主眼とした改革を行ったのである。

ルーズベルト大統領は、「われわれのさまざまな目標のなかで、わたしは、この国の男性、女性、子どもたちの保障(security)を第一に位置づける」と宣言し、また、「未来に向けての崇高な目標は、一つの言葉で要約されうる。それは「保障」である。これは、単に侵略者による攻撃に対して安全を確保する肉体的保障を意味するだけでなく、経済的保障、社会的保障、精神的保障をも意味するものである」と述べた。一九三五年の社会保障法や一九三八年の公正労働基準法は、このような政策の一環として制定されたものであった。

また、アメリカのニューディール政策とほぼ時期を同じくする一九三六年、フランスでは人民戦線政府が誕生し、大幅な賃上げ、有給休暇の保障、週四八時間から四〇時間への大幅な労働時間短縮などが行われた。これらの労働立法・社会政策によって国民(労働者)の購買力を高め、経済の回復を図ろうとする積極的な経済政策が展開された。

これらの動きに象徴されるように、二〇世紀の労働法は、国の経済政策の一環としても位置づけられるようになる。その背景として、当時、どのような社会的・思想的状況があったのだろうか。

テイラーとデュルケームとケインズ

第一に、生産管理システムとしてテイラー主義が普及したことがあげられる。一八九五年、アメリカのフレデリック・W・テイラーは、生産過程を細分化・分業化し、各作業を徹底した時間管理・動作管理のもとに置くことによって、生産・経営の効率化を図ることを推奨した。テイラー主義と呼ばれるこの科学的管理法は、生産過程を合理化することに大きく貢献し、大量生産体制を世界的に普及させる大きな原動力となった。この科学的な生産管理システムが普及していくなかで、チャップリンの「モダン・タイムス」のように、「大工場のなかの一つの歯車」として流れ作業に従事させられる労働者が増加していったのである。

第二に、そのような時代の社会思想として「連帯」や「産業民主主義」という考え方が台頭していった。例えば、フランスの社会学者エミール・デュルケームは、一九世紀末から二〇世紀初めにかけて、細分化された諸個人の自由や欲望が増大することによって社会が規律のない状態に陥ることを避けるためには、個人と個人の間の有機的な連帯こそが重要であるとする連帯理論を説き、その後の社会運動や法理論・法政策の展開に大きな影響を与えた。また、それと同じ頃、アメリカでは、自由放任資本主義がもたらした貧富の格差などの惨状を是正し、経営の効率性を高めるためにも、労働者と対話することが重要であるとの認識から、職場にも民主主義を取り入れるべきであるとする産業民主主義の考え方が広がった。

第三に、経済思想としても新しい考え方が台頭した。一九世紀には、一八世紀後半にフランソワ・ケネーやアダム・スミスによって提唱された自由主義思想が支配的になっていた。これに対し、イギリスの経済学者ジョン・メイナード・ケインズは、一九三六年に『雇用、利子および貨幣の一般理論』を公刊し、自由放任資本主義に内在する構造的問題を克服するためには、国家の積極的な市場介入によって完全雇用を実現し、有効需要（購買力）を高めていくことが重要であるとの理論を展開した。ケインズ主義と呼ばれるこの新たな経済思想は、一九三〇年代のアメリカやフランスで展開された経済社会政策と共通する考え方に立つものであり、戦後の復興・経済成長期には、各国の経済政策に大きな影響を与えるものとなった。

これらの社会的・思想的背景のなかで、一つの標準的な労働者像が描き出された。それは「工場で集団的・従属的に働く均質な労働者」であり、この存在が当時の社会を牽引する原動力となっていた。この均質的な労働者に対し、「福祉国家」と呼ばれる国家が、集団的・画一的な形で保護を与えるというのが、二〇世紀の労働法の基本的なあり方であった。

経済と社会の「黄金の循環」

こうして国の経済政策の一環として位置づけられた労働法は、第二次大戦後の経済成長期に経済の発展と連動しながら大きな発展を遂げることになる。労働法や社会保障法などによる賃金の引上げや社会保障の拡充といった社会的保護の充実によって国民の購買力が引き上げられると、消費が拡大し投資が刺激されて総需要の拡大や生産性の上昇といった経済成長につながる。この経済成長の成果が社会的保護の充実という形で再び労働者に分配・還元され、さらなる消費拡大・経済成長がもたらされる。その成果がさらに労働者に分配され、いっそうの経済成長につながる。

このように、戦後の経済成長期には、労働法や社会保障法などによる社会的保護と経済成長とが有機的に結びつく形で社会と経済が発展していくという「黄金の循環」が、先進諸国の間にある程度共通する現象としてみられたのである。

日本でも第二次大戦後、社会保障制度の構築・発展とともに、労働法の本格的な発展がみられた。一九四五年には労働組合の承認・保護を定めた労働組合法（一九四九年に大きく改正）、一九四七年には労働条件の最低基準を包括的に定めた労働基準法、国管掌の保険による労働災害の補償を定めた労働者災害補償保険法、有料職業紹介事業を禁止し職業紹介事業を国家独占とした職業安定法、国管掌の保険による失業給付を定めた失業保険法（一九七四年に雇用保険法に改正）が相次いで制定され、戦後労働法の枠組みが形成された。その後も、一九五八年に職業訓練法、一九五九年に最低賃金法、一九六六年に雇用対策法が制定されるなど、国家が労働契約や労働市場に積極的に介入する方向で労働法の発展は続いた。また、解雇権濫用法理などの判例法理の発展や、一九五五年に開始された春闘による経済成長を反映させた賃金引上げの実現も、社会的保護の充実のために重要な役割を果たした。これらの社会政策の展開と有機的に結びつきながら、日本経済は戦後復興を遂げ、一九五〇年代半ばから約二〇年にわたり高度経済成長を続けた。

4　労働法の危機――社会の複雑化とグローバル化

しかし、この二〇世紀的な経済社会システムとその一環としての労働法は、一九七三年の石油危機を契機とした世界的な経済危機・社会変化のなかで、大きな転機を迎えることになる。その背景には、大きく次の三つの事情がみられた。

二〇世紀的システムの崩壊？

第一に、高度経済成長の時代が終わり、低成長やマイナス成長の時代となるなかで、かつての「黄金の循環」が反転したことである。石油危機をきっかけとして経済成長のスピードが鈍化し、失業者が増加すると、それらの人びとの生活を支えるための社会的負担が高まる。この社会的負担の増加は、税金や社会保険料の引上げという形で国民や企業の経済活動に制約を課すことになる。それにより経済活動が収縮して経済状況が悪化すると、さらに社会的負担や財政赤字が増加・累積するようになる。このように、かつての「黄金の循環」（経済成長↓社会的保護の充実→経済成長→……）が途絶え、社会と経済が連動して悪化していくという悪循環（経済状況の悪化→社会的負担増→経済状況の悪化→……）が生じるようになった。

第二に、産業構造の変化に伴って、労働法の前提とされていた標準的な労働者が減少し、これとは異なる多様なタイプの労働者が増加したことである。社会が成熟し、安価で工業生産を行う発展途上国が台頭していくなかで、多くの先進諸国では、産業構造の重心が工業からサービス業に移っていった。このポスト工業化・サービス経済化の動きのなかで、企業の経営・生産体制はかつての画一的・集団的なものから多様化・複雑化したものとなり、そこで働く労働者の姿も多様化していった。工業化社会の原動力とされた集団的・均質的な工場労働者とは異なり、自律性・裁量性の高いホワイトカラー労働者、専門性の高い技術労働者、労働時間・期間等が限定されたパートタイム労働者・有期契約労働者・派遣労働者などが増加していったのである。労働法が前提としていた「工場で集団的・従属的に働く均質な労働者」は、社会実態として溶解していった。

第三に、一九七〇年代の石油危機、一九八〇年代の規制緩和政策（レーガノミックス、サッチャーリズム）を契機とした国際競争の激化に加え、一九九〇年代以降、情報化社会が本格的に到来したことによって、経済のグローバル化が世界的に一気に加速することになった。それに伴って、市場と技術の動きは高速化し、企業はこの変化に対応できる経営・生産体制を整えることを迫られるようになった。これは、国家に対しても、当事者が変化に迅速かつ柔軟に対応できるような競争環境を整備し、同時に社会的公正さを確保できるシステムを構築するという課題を提起するものであった。かつての大量生産・大量消費の時代から多様性・不確実性の時代に移行するなかで、企業としても、国家としても、変化に迅速に対応できる柔軟で動態的なシステムを作ることが求められるようになった。

労働法の機能不全と修正

このような大きな社会変化のなかで、旧来の労働法は機能不全に陥った。労働法が前提としていたモデルが溶解し、市場と技術の動きが高速化するなかで、従来の定型的なモデルを前提とした集団的・画一的な保護・規制は、社会の多様で複雑な変化に十分に対応できないものとなっていった。また、集団的自由を享受してきた労働組合も、そもそも組織率が低かったサービス産業が拡大し非正規労働者が増加するなかで、その影響力の低下や正統性の危機に直面した。さらに、従来のケインズ主義的システム(その一環としての労働法や社会保障法)は、経済社会状況や人口構造の変化のなかで、財政赤字の肥大化という問題をもたらした。

各国はこのような危機に直面し、特に一九八〇年代以降、旧来の労働法のあり方に修正を加える改革を進めた。その方向性は、主として次の三つに整理できるだろう。

第一に、国家(法律)による画一的な保護・規制では多様化する社会の利益・実態に十分に適応できないため、労使の分権的な話合いによって具体的な規制のあり方を定めることを許容・促進する「労働法の柔軟化」である。この動きは、特に労働時間規制の分野で進められた。

第二に、集団としての労働者ではなく、多様化する労働者個人(市民)の視点からの保護・規制を図る「労働法の個別化」である。例えば、差別禁止法やプライバシー保護法の発展が各国でみられた。

第三に、国家による硬直的な労働市場規制を緩和し、民間事業の参入による労働市場機能の活性化を図ろうとする「労働市場の自由化」である。有料職業紹介事業や労働者派遣事業の適法化が、その例である。

いずれも、「集団法」として誕生した労働法が、その根底から変容を迫られていることを示すものであった。

混迷の時代

二一世紀になり、労働法をめぐる状況は混迷を深めている。

一方で、労働法は、一九八〇年代以降、旧来の伝統的システムの危機を克服するため、右に述べたような柔軟化・個別化・自由化に向けた改革を進めてきた。しかし他方で、一九九〇年代以降、労働市場のグローバル化や競争激化が進展するなか、ふたたび深刻な労働問題が発生している。例えば日本では、リストラやコスト削減の波のなかで、会社に残された正社員、とりわけ若手社員が担う仕事の量や目標管理等によるストレスは増大し、メンタルな病気や過労自殺、過労死といった問題が深刻化している。その反面では、パート、アルバイト、派遣・請負労働者、ニートなど社会的に公正な処遇を受けていない非典型的な労働者や非就業者が数多く存在し、ワーキング・プアや格差問題が社会問題として顕在化している。激しい競争のなかで、働きすぎ(働かされすぎ)の労働者と、働こうと思っても希望通りには働ける場がない者との二極化が生じたのである。

この問題には、歴史的にみると、二つの側面がある。

一つは、労働法の前に横たわっている伝統的な側面である。歴史のネジを一〇〇年以上巻き返すと、一九世紀後半の世界には同じような問題が横たわっていた。社会のなかで集団的な保護が弱まり、個人の自由が重視される状況のなかで、市場のグローバル化や競争激化が進むと、多くの労働者は「契約」という法形式のもとで過酷な労働条件や雇用の不安定さを受け入れざるを得ない状況に置かれる。この点では、一九世紀後半の労働者と二一世紀初めの労働者は、約一〇〇年の時間の壁を超えて、類似した社会状況のなかにいる。一九二九年に発表された小林多喜二の『蟹工船』が、約八〇年後の日本でふたたび脚光を浴びたのは、歴史を超えた社会状況の類似性を示すものといえよう。

もう一つの側面は、今日的な側面である。一九世紀後半の労働者と今日の労働者は、右に述べたように、ある意味では類似した状況に置かれている。しかし、両者の間には決定的な違いもある。それは、労働の実態あるいは労働者の実像の違いである。一九世紀後半から二〇世紀中盤までの労働者は、同じような状況で生産に励み（大量生産）、そこで得た賃金で同じような商品を買う（大量消費）という均質性をもった集団として捉えられる存在であった。しかし、今日の労働者の実態は、ポスト工業化や情報化の進展のなかで多様化・個別化し、旧来の工場労働者モデルを適用することが難しい存在となっている。二〇世紀初めの危機に対してルーズベルトが講じた定型的な経済社会政策（ニューディール政策）は、それゆえに、今日の危機に対してそのままの形では有効に機能しえないものとなっている。

5 「働き方改革」

二〇一六年九月、安倍晋三内閣総理大臣を議長とし、労使のトップである神津里季生（日本労働組合総連合会会長）、榊原定征（日本経済団体連合会会長〔当時〕）も議員として参加する「働き方改革実現会議」が設置された。この会議の約六か月、計一〇回にわたる議論を経て、二〇一七年三月二八日、「働き方改革実行計画」が決定された。同計画は、「働き方改革」の基本的な考え方について、次のように述べている。

日本経済再生に向けて、最大のチャレンジは働き方改革である。……働き方改革は、日本の企業文化、日本人のライフスタイル、日本の働くということに対する考え方そのものに手を付けていく改革である。……

安倍内閣は、一人ひとりの意思や能力、そして置かれた個々の事情に応じた、多様で柔軟な働き方を選択可能とする社会を追求する。働く人の視点に立って、労働制度の抜本改革を行い、企業文化や風土を変えようとするものである。……

働き方改革こそが、労働生産性を改善するための最良の手段である。生産性向上の成果を働く人に分配することで、賃金の上昇、需要の拡大を通じた成長を図る「成長と分配の好循環」が構築される。個人の所得拡大、企業の生産性と収益力の向上、国の経済成長が同時に達成される。すなわち、働き方改革は、社会問題であるとともに、経済問題であり、日本経済の潜在成長力の底上げにもつながる、第三の矢・構造改革の柱となる改革である。

（「働き方改革実行計画」一頁以下）

この働き方改革実行計画に基づいて、政府は働き方改革関連法案を作成し、二〇一八年六月二九日、同法案は国会で可決・成立した。この働き方改革関連法は、長時間労働の上限時間の設定（一四一頁以下）、正規・非正規労働者間の待遇格差の是正（一一〇頁以下）を二つの柱とし、そのほか、会社（使用者）による年休付与義務（一五〇頁）、新しい適用除外制度としての高度プロフェッショナル制度の導入（一四〇頁）、労働時間の適正把握義務（一五七頁）など、多くの改革を盛り込んだものである。この「働き方改革」は、「実行計画」でも述べられているように、「社会問題」であるとともに「経済問題」であるという二つの側面をもち、「労働制度の抜本改革を行い、〔日本の〕企業文化や風土を変えようとするもの」と位置づけられている。「働き方改革」の趣旨と背景を正確に理解するために、この二つの側面について少し詳しくみてみよう。

改革の二つの側面——「社会的側面」と「経済的側面」

働き方改革の第一の側面は、社会的側面である。これは、長期雇用慣行、年功的処遇、企業別労働組合を基本的な特徴とする正社員中心の「日本的雇用システム」がもたらしてきた大きな社会的弊害を、働く人の視点に立った抜本的な改革によって解消していこうとする側面である。その弊害とは、①過労死・過労自殺にもつながる長時間労働問題と、②日本社会を不安定化させている正規・非正規労働者間の格差問題である。

日本の長時間労働問題(①)は、その極限状況では過労死・過労自殺に至るなど、欧米諸国に比べて深刻な状況にある。その要因としては、ⓐ日本的雇用システムの最大の特徴である長期雇用慣行(いわゆる終身雇用制)の下では従業員を解雇して雇用の柔軟性を確保することが難しいことから、従業員に日常的に長時間の残業を行わせ、不況で業務量が減ったときには残業時間を減らすことで一種の雇用調整を行ってきたこと、および、ⓑ日本的な労働市場の二重構造(正規・非正規労働者間の大きな格差)が残存するなかで、一九九〇年代以降、グローバル競争の激化、景気低迷の長期化、企業内人員構成の高齢化などを背景にコスト削減圧力が急激に高まったため、コスト削減の手段として非正規労働者が増加し、量的に減少した正規労働者の過重労働が深刻化したことがあげられる。日本の長時間労働問題は、日本の雇用システムや労働市場の構造と密接にかかわる問題である。

正規・非正規労働者間の格差問題②は、正社員を中心とする日本的雇用システムの枠の外に、正社員よりも賃金等の待遇が低く、雇用調整が相対的に簡単で、労働組合にも組織されていない非正規労働者が存在していることに起因する問題である。日本では、この正規・非正規格差問題が残存したまま一九九〇年代以降のグローバル競争に突入したために、企業はコストが安く調整が容易な非正規労働者の雇用を増やし、非正規労働者は全労働者の約四割を占めるに至った。この正規・非正規労働者間の格差問題は、非正規労働者の収入が低いという所得格差の問題にとどまらず、結婚格差、育児格差、教育格差といった社会的格差の再生産を生む原因となっている。

働き方改革は、日本的雇用システムがもたらしたこの二つの社会的弊害を、労働者の視点に立って抜本的に改革しようという社会改革の側面をもっている。

このような社会的側面に加えて、働き方改革の特徴を際立たせているのは、その経済政策としての側面である。

日本に広がっている長時間労働問題(①)は、長時間労働による労働生産性の低下をもたらしているだけでなく、仕事と家庭生活との両立を妨げ、家庭生活や健康面等で制約をもつ女性や高齢者などの労働市場への参加・活用を阻害している。

また、正規・非正規労働者間の格差問題(②)は、経済成長の成果を賃上げとして労働者に分配し賃金上昇・消費拡大を通じてさらなる経済成長を図るという「成長と分配の好循環」の実現を阻害する要因となっている。経済成長をしても、低賃金・低コストで働く非正規労働者が存在しているため、賃金全体の引上げにつながりにくい構造となっているのである。

このような状況のなか、①長時間労働を是正することによって、労働生産性の向上と労働参加率の上昇をもたらし、同時に、②正規・非正規労働者間の待遇格差を是正することによって、非正規労働者の待遇改善を含む賃金全体の底上げを図り、日本経済に「成長と分配の好循環」を取り戻すことが、働き方改革の経済政策としての目標とされている。

このように、働き方改革は、日本的雇用システムがもたらした社会的弊害の解消という側面とともに、日本経済の生産性・成長力の底上げとその成果の労働者への公正な分配(賃上げ)によって「成長と分配の好循環」を実現するという安倍政権の経済政策(いわゆる「アベノミクス」)の要としての側面をもっている。

改革の二つの文脈――二〇世紀的文脈と二一世紀的文脈

この日本の働き方改革を、労働法の歴史的文脈で捉えた場合、二〇世紀的な文脈と二一世紀的な文脈の両面をもつものと位置づけることができる。

第一に、働き方改革は、単に労働者保護の充実を目的としているだけでなく、経済政策としての側面を併せもち、経済成長と社会的保護の充実を連動させて国の経済と社会の循環的な発展を図るという特徴をもっている。これは、前述したケインズ主義やニューディール政策に象徴される二〇世紀的な労働法政策のあり方（二二頁以下）と共通の性格・特徴をもつものといえる。

もっとも、第二に、働き方改革は、二〇世紀的な労働法のあり方とは異なる、今日的な文脈に立つものでもある。ニューディール政策に象徴される二〇世紀の労働法政策は、「工場で集団的・従属的に働く均質な労働者」を社会的モデルとして、これに集団的・画一的な保護を与えるという特徴をもっていた。これに対し、二一世紀の働き方改革は、市民や労働者がもつさまざまな環境や意識を前提として、人びとの多様な能力や希望を活かせる法制度を整備することを企図したものである。例えば、長時間労働の是正は、生活面や健康面での制約により長時間労働することができない女性や高齢者等に対し、それぞれの環境や希望に応じて働くことができる環境を整えていこうとするものである。また、正規・非正規労働者間の待遇格差の是正は、短時間・有期・派遣労働などいかなる就労形態に対しても公正な処遇を保障することによって、さまざまな人が多様な働き方を選択し、それぞれの環境や希望に沿って能力を発揮できる制度的基盤を作り出すことを目指すものである。

一九九八年にノーベル経済学賞を受賞したアマルティア・センの「潜在能力アプローチ(capability approach)」を理論的基盤とした労働法学を提唱しているイギリスのサイモン・ディーキン(ケンブリッジ大学)らは、次のように述べている。

ある人がある一定の任務を達成するための潜在能力は、単にその人間としての性質や環境だけでなく、その人が住んでいる社会の制度的構造にも依存している。社会的規範、法的ルール、政治的制度は、個々人の潜在能力を高めたり低めたりする重大な役割を担っているのである。……もし潜在能力が、単に各個人の才能ややる気だけでなく、その才能を高めることを可能とする社会化、教育、訓練のプロセスにアクセスできることによってもたらされるとすれば、これらのプロセスにアクセスすることを可能とする条件を一般的に整えることによって、社会的再分配のメカニズムが労働市場の機能と両立可能となるだけでなく、その前提条件ともなるだろう。このように、社会的な諸権利は、各個人の潜在能力に対し制度的な基盤を提供するものとして中心的な役割を果たしうるものである。(S Deakin and F Wilkinson, *The Law of the Labour Market* (Oxford University Press, 2005) 290-291)

この潜在能力アプローチは、各個人の置かれている状況が多様であることを前提として、各個人の潜在能力を高め、各個人がその潜在能力を発揮できるような法的基盤を提供することによって、自由と平等を実現することを希求するものである。働き方改革には、この潜在能力アプローチと通底するところがある。労働法は、社会の変化と結びつき、それを内省化した理論的な動きと連動しながら、動態的に変化している。

次章以下では、これらの新たな動きも含め、日本の労働法の背景や特徴について、すこし体系立てながら、具体的にみていくことにしよう。

第２章　労働法はどのような枠組みからなっているか

労働法の法源

私は、三三年前、理科系の学生として大学に入学した。理科系だとしても、大学一年のときには教養科目として文科系の科目をとらなければならない。私は、法学は選ばなかった。法学ってどういうものなのか具体的なイメージがわかず、なんだか細かいことを覚えたりする小難しい科目だろうという印象(偏見？)があったような気がする。

その後、いろんな理由があって法学部に移り、法について語る研究者になった。そして、その仕事の一つとして、いま『労働法入門』を書いている。人生って、ある意味では、そういうものなのかもしれない。

三三年前の私のような読者の皆さんに、法についての具体的なイメージをもってもらうために、まず、なぜ法が存在するのかを簡単に説明しよう。法は、一見すると、小難しく厳めしいものにみえるかもしれないが、私たちの生活に深くかかわる身近な存在であり、我々の常識の上に成り立っているものである。そのなかでも、労働法は、皆さんの生活や生き方に直接かかわるものであり、人びとの考え方次第で、その内容が大きく変わりうるものである。

1 「法」とは何か

「法」は何のために存在するのか

世の中にはたくさんの人が住んでいる。その人たちのなかには、良い人もいるだろうし、悪い人もいるかもしれない。かりにみんな良い人であったとしても、気の迷いや何かのきっかけで悪いことをしてしまうことがあるかもしれない。この悪い行いを放っておくと、社会の秩序が乱れて、みんなが安心して暮らせない世の中になってしまう。例えば、力の強い者が暴力を振るって他人の物を奪いとったり、人を脅して自分に従わせたりするような社会になることを、多くの人は望んでいないだろう。

そこで人びとは、自分たちそれぞれの安心や社会の秩序を守るために、みんなが守るべきルールを定めることにした。このルールが「法」である。例えば、法のなかでも「憲法」と呼ばれるものは、このルールの決め方(民主主義など)やルールを守らせる方法(国家権力のあり方とその制約など)を定めたものである。また、「刑法」は行ってはならない行為(犯罪)を定め、それを犯した場合に罰(刑罰)を科すことを定めたもの、「民法」はみんなが安心して取引を行えるように、取引に関する共通のルールを定めたものである。「労働法」は、さしあたり、働くことについてのルールを定めたもの(その寄せ集め)と考えておけばよいだろう。

「権利」と「義務」

法を定めるときには、どのような内容のルールにするのかという点と同時に、決めたルールをどのようにして守らせるかが重要なポイントとなる。そして、法が定めたルールを守らせるために出てくる最後の砦が、国家権力である。例えば、物を買ったのにお金を払わない人に対しては、裁判所がきちんとお金を支払うよう判決を下し、それでも支払わなければ、国家がその人の財産を差し押さえてお金に換え、支払いを強制する。また、殺人や窃盗など法律上定められた罪を犯した人に対しては、裁判所の判決に従って、国家が懲役刑や罰金刑などの罰を科す。

このように、法は、最終的には国家の力を借りて実現されるという性格をもっている。このときに、ある人が国家の力を借りて救済を求めることができるかどうかのポイントとなるのが、「権利」という概念である。例えば、ある人に月三万円の約束で下宿を貸しているのに、借りている人が家賃を払ってくれない場合、貸主は借主に月三万円の家賃の支払いを求める権利があるとされる。権利の反対の言葉は「義務」であり、この例では、借主は貸主に月三万円の家賃を支払う義務を負うことになる。このように、権利をもつ人は、最終的には裁判所などの国家の力を借りながら、法的に救済を受ける(権利を実現する)ことができる。逆に、義務を負っている人は、その義務を果たすことを怠っていると、きちんと義務を果たすように国家から強制されることになる。

法は、このような意味で、権利と義務を定めた体系であるということができる。

2　人は何を根拠に他人から強制されるのか

「契約」と「法律」

法が権利と義務の体系であるとすれば、この権利や義務は何によって根拠づけられるのか。

言葉を換えていうと、人は、どのような根拠がある場合に、他人(さらには裁判所などの国家権力)から強制されるのか。この根拠のことを「法源」というが、その内容についてすこし考えてみよう。

かつての封建社会では、人びとは国王や領主などの絶対的な命令に従わなければならないことがあった。そこでの命令は自分の関知しないところで決められたものであり、命令を強制される人たちにとっては苦痛や理不尽さを感じることもあった。

この苦痛や理不尽さを打破しようとした歴史的な出来事の一つが、フランス革命である。フランス革命を率いた当時の政治家・法律家は、ジャン＝ジャック・ルソーの社会契約論などの啓蒙思想の影響を受け、個人の「自由意思」が法的義務の根源にあるものと考えた。人びとは、自分の自由な意思に基づく行為によってのみ、他人からの強制を受ける。逆に、自らの自由な意思に基づく行為がなければ、人は何ら他人から法的に強制を受けることはないと考えられたのである。そしてここでは、個人の自由な意思に基づいた行為となりうるものとして、二つの形態のものが想定された。

一つは、「契約」である。契約とは、複数の人の自由な意思が合致した場合に成立するものである。例えば、パンを一ユーロで売ろうとするパン屋さんの自由意思と一ユーロで買おうとする買主の自由意思が合致した場合、パンを売買する契約が成立し、この契約に基づいて、買主はパン屋さんに一ユーロを支払う義務、パン屋さんは買主にパンを引き渡す義務を負うことになる。

もう一つは、「法律」である。ルソーは、各個人がそれぞれの意見を自由に述べることで形成された「一般意思」によって国家の統治がなされるという国民主権の考え方を提示した。この考え方は、一七八九年のフランス人権宣言において、「およそ主権というものの根源は、本質的に国民のうちに存する。いかなる団体も、いかなる個人も、明瞭に国民から発していないような権力を行使することはできない。」(三条)、「法律は一般意思の表明である。」(六条)という形で明文化された。国民が選出した代表者によって定められた法律は、国民の自由な意思に基づいて形成されたものであり、契約と並んで、人びとに法的義務を課す根拠となりうることが宣言されたのである。

この契約と法律によって法的な権利と義務が根拠づけられうるという考え方は、フランス革命後、ナポレオン・ボナパルトのもとで起草・編纂された一八〇四年フランス民法典のなかに取り込まれ、その後、今日の世界においても広く受け入れられている。近代的な法体系のもとでは、人は契約と法律に基づいてのみ他人から強制を受けるのである。

このことは、基本的には、今日の労働法の世界でもあてはまっている。現在の日本の労働法では、契約と法律についてどのように規定されているのか。次に簡単にみておこう。

労働法における契約――労働契約(雇用契約)

働く人(労働者)と会社(使用者)の間の関係は、法的には、個々の労働者と使用者の間の「労働契約」に基づくものと考えられている。民法上はこの契約は「雇用契約」と呼ばれている。労働契約または雇用契約とは、労働者が使用者に使用されて労働し、使用者がこれに対して賃金を支払うことを約束する契約である(労働契約法六条、民法六二三条)。労働者と使用者の間に働くことと賃金を支払うことについての合意がある場合に労働契約は成立し、この契約に基づいて、労働者は使用者から指揮命令を受けて労働する義務、使用者は労働者に対価としての賃金を支払う義務を負うことになる。

労働契約は、その内容について誤解があったり後で紛争が生じることを避けるために、できる限り書面によって内容を確認することが望ましい(労働契約法四条)。しかし、必ず書面によって締結されなければならないわけではなく、労働契約は口頭の約束でも成立するし、言葉で明確には表されていない内心の意思の合致(黙示の合意)で成立することもある。実際に働いている読者の皆さんのなかにも、労働契約書を書面で取り交わしていないという方がたくさんいらっしゃるのではないだろうか。

労働契約の内容となる具体的な権利や義務も、明示の合意だけでなく、黙示の合意でも発生する。例えば、ある会社で年末に「もち代」として会社が従業員に五万円ずつ支給する慣例が創業以来五〇年以上続いている。このことは会社の規則や契約書に書かれているわけではなく、また、会社と従業員との間に明示された約束があるわけでもない。しかし、会社も従業員も心のなかでは、年末に従業員に五万円を支払わなければならない、支払ってもらえると思っている。このような場合、会社と従業員との間には毎年末に五万円のもち代を支払う黙示の合意が成立しているとして、裁判所が会社にその支払いを命じることがありうる。

また、労働関係においては、明示または黙示の合意の有無にかかわらず、信義則(民法一条二項、労働契約法三条四項)と呼ばれる当事者間の信頼関係に基づいて、契約上の権利や義務が設定されたり修正されたりすることがある(信義則による契約の補充的・修正的解釈)。例えば、労働者を指揮監督の下において働かせている使用者は、明示または黙示の合意がなくても、信義則上、労働者の生命や健康を危険から保護するよう配慮する義務(安全配慮義務)を負うと解釈されている(詳しくは一六〇頁以下参照)。また、例えば、契約上は一年の期間の定めが置かれ、一年経過すれば期間の満了により契約関係が終了することが合意されているとしても、労働者が雇用が継続することについて合理的な期待を有しているといえる場合には、期間満了後も契約が更新されたのと同様の法律関係、つまり、一年契約が更新された状態が生じることがあると解釈されている（詳しくは七三頁以下参照）。これらの点では、当事者の自由意思に基づく純粋な契約解釈を修正し、当事者間の信頼関係という事実・実態を考慮に入れた契約解釈が行われている。

これらの労働契約の解釈のあり方については、その枠組みとしては、契約に関する一般的なルールが適用されているが、その具体的な内容については、場合によっては、労働契約関係の人間性や継続性という性格を取り込んだ信頼関係に基づく解釈がなされているといえる。

労働法における法律――労働基準法などの強行法規

働く人と会社との関係は、労働契約に基づく関係を基礎としつつ、これに対してさまざまな法律が規制を加えている。例えば、労働基準法、最低賃金法、男女雇用機会均等法、育児介護休業法などの法律である。また、民法上の一般規定である権利濫用（一条三項）や公序（九〇条）が規律を加えることも多い。労働法のなかでよく出てくる解雇権濫用法理、採用内定法理、配転・出向法理、懲戒権濫用法理などは、民法上の権利濫用のルールが労働をめぐる裁判の判決のなかで発展していったものである。現在ではこれらの法理の一部は、労働契約法という法律のなかに明文化されている(一四条：出向法理、一五条：懲戒権濫用法理、一六条：解雇権濫用法理など)。

これらの法律規定は「強行法規」と呼ばれ、当事者の合意の有無や内容にかかわらず当事者を規律するものとされている。例えば、法律上労働時間の上限が週四〇時間と定められている(労働基準法三二条参照)のに、会社と労働者の間で週五〇時間働きますという契約を結んだとしよう。この場合、週四〇時間を超える契約部分は無効とされ、法律の定めに従って契約内容は週四〇時間に修正されることになる(同法一三条、最低賃金法四条二項など参照)。また、労働基準法、最低賃金法、労働安全衛生法などの法律は、労働基準監督署(長)という行政機関によって使用者がそれをきちんと守るよう指導や監督が行われており、また、法律を守らない悪質な使用者に対しては懲役や罰金などの罰則が科されている。

これらの法律の内容は、次章以下で具体的に説明することにして、ここでは、労働法のなかで、法律(強行法規)の果たす役割が相対的に大きいことを確認しておきたい。働く人と会社の間の関係の基礎に労働契約という契約があることは、前に述べた通りである。労働法の世界では、この当事者同士の契約の内容を外から規律する法律が数多く存在し、当事者の自由な意思を制約する役割を果たしている。

なぜ労働法では、当事者間の自由な意思決定を制約する法律の役割が相対的に大きいのか。それは、前章で述べた労働契約に内在する人間的性格・経済的格差・自由の欠如という三つの特徴に由来する(九頁以下参照)。人間そのものを対象とし、当事者間に経済的な力関係の差があることが多く、また契約を履行するうえで人間の自由が奪われている労働契約を、当事者の自由な決定に委ねてしまうと、労働者が人間としてではなく、物と同じように扱われてしまうという社会的弊害が生じる。これは、歴史のなかで経験されてきた事実であると同時に、二一世紀の今日においても基本的にあてはまっている点である。法律は、この問題を克服するための一つの柱である。労働者に与えられた「集団的保護」に相当するものとして、法律は今なお重要な役割を果たしている。

3　労働法に固有の法源とは

契約と法律は、一般に、人びとの権利や義務を根拠づけるものとなる。この二つは、民法などの世界と同様に、労働法の世界でも重要な役割を果たしていることは、これまで述べてきた通りである。さらに、日本の労働法では、この二つに加えて、次の二つのものが労働者と使用者の間の権利と義務を根拠づける法源となりうるものとされている。それは、労働協約と就業規則である。理論的にすこし厳密にいえば、労働協約は法律に基づいて法源となるもの、就業規則は契約の一種として法源となるものと解釈されるため、広い意味では法律または契約に基づく法源とも位置づけられうる。しかしここでは、その重要性に照らして、別に取り上げて説明しよう。

労働協約——労働組合と会社との取決め

労働者が労働組合という組織を作り、この労働組合と会社との間で団体交渉や労使協議と呼ばれる話合いが行われ、取決めがなされることがある。この労働組合と会社との間で締結される労働条件などに関する合意・協定のことを「労働協約」と呼んでいる。

労働協約は、書面に作成し署名または記名押印するという一定の様式を満たす場合には、そこに定める基準に反する労働契約の部分を無効とし、無効となった契約部分を補うという効力が認められる(労働組合法一四条、一六条)。この効力は「規範的効力」と呼ばれている。例えば、労働組合の組合員と会社との労働契約(個別の契約)にはボーナスは月給の二か月分と定められているが、労働協約にボーナスは月給の三か月分との規定が設けられた場合には、月給の二か月分という労働契約の定めは無効になり、労働協約の規定に従って、労働契約の内容は月給の三か月分に修正される。その結果、組合員は会社に月給三か月分のボーナスの支払いを求める権利をもつことになる。

労働協約をめぐる議論については、労働組合や団体交渉の重要性とあわせて、後でやや詳しく述べることにする(一七五頁以下)。ここでは、労働者に認められた「集団的自由」の結果として締結された集団的合意(労働協約)に、規範的効力という特別の効力が与えられ、労働法上の重要な法源の一つとして位置づけられていることを頭に入れておいてほしい。

就業規則——会社が定める職場のルール

日本の労働法におけるもう一つの法源として「就業規則」がある。日本の会社では、労働条件や職場規律など職場におけるルールが、就業規則という形で定められていることが多い。この就業規則は、労働者と会社との間に権利や義務を設定する法源として、実際上極めて重要な役割を果たしている。そこで、就業規則の法的な位置づけについて、ここですこし詳しくみておくことにしよう。

労働基準法は、常時一〇人以上の労働者を使用する使用者に一定の事項を記載した就業規則を作成することを義務づけている(八九条)。ここで記載が義務づけられている事項は、労働時間、賃金、退職、食費・作業用品等、安全衛生、職業訓練、災害補償、表彰・制裁、その他労働者のすべてに適用される事項といった広範なものにわたっている。その結果、日本では、就業規則に労働条件や職場規律など職場のルールのほとんどが記載されるに至っている。

また、労働基準法は、使用者が就業規則を作成しまたは変更するにあたり、三つの手続を踏まなければならないことを定めている。①事業場の労働者の過半数代表(労働者の過半数が加入する労働組合、それがないときには労働者の過半数を代表する者)からの意見聴取(九〇条一項)、②所轄の労働基準監督署長への届け出(八九条)、③作業場の見やすい場所への掲示や電子機器によるアクセスなどの方法による労働者への周知(一〇六条)である。

就業規則に定められた労働条件には、その職場(事業場)の最低基準として、これを下回る労働契約の部分を無効としそれを補う効力が認められている(労働契約法一二条)。これを就業規則の最低基準効という。例えば、会社の就業規則に時給一五〇〇円と記載されているにもかかわらず、その会社と労働者の間の労働契約(個別の契約)では時給一二〇〇円とされている場合、就業規則の基準（時給一五〇〇円）を下回る労働契約の部分（時給一二〇〇円という合意）は無効となり、労働契約の内容自体が時給一五〇〇円となる。その結果、労働者には会社に時給一五〇〇円の支払いを求める権利が認められることになる。その逆のケース、すなわち就業規則には一二〇〇円、労働契約には一五〇〇円と記載されている場合はどうであろうか。この場合には、就業規則より有利な労働契約の規定はそのまま有効なものとされる。

就業規則の最低基準効は、就業規則と労働契約の双方に定めがある場合の調整の問題である。しかし、ある事項について、就業規則にのみ定めがあり、法律や労働協約や労働契約には定めがない場合、その就業規則の規定にはどのような効力が認められるのだろうか。この点は、就業規則の法的性質をめぐる問題として、従来から議論されてきた。例えば、懲戒処分について、あるいは退職手当の支給について、就業規則にのみ規定がある場合、労働者がこれに同意する意思を表明していないとしても、これらの就業規則規定は労働者や会社を法的に拘束する効力をもつのかが問題とされたのである。

この点について、学説は、就業規則を法律（法規）に類似したものとみて法律と同様の枠組みで効力を認めようとする見解と、契約とみて当事者の合意がある場合に効力を認めようとする見解とに大きく分かれていた。これに対し、最高裁判所は、就業規則の内容が合理的である限り、労働契約の内容として拘束力をもつとの立場をとった(秋北バス事件・最高裁一九六八年一二月二五日判決、電電公社帯広局事件・最高裁一九八六年三月一三日判決)。二〇〇七年に制定された労働契約法は、この判例法理を明文化し、就業規則が合理的な労働条件を定め、それが労働者に周知されていた場合には、労働契約の内容はその労働条件によると定めている(七条)。例えば、懲戒処分に関するルールが就業規則に定められていた場合、その規定が労働者に周知され、かつ、規定の内容も通常みられるような合理的なものであったときには、会社はその規定に基づいて労働者に懲戒処分を科す権利をもち、労働者は原則としてその処分に従う義務を負うことになる(ただし、懲戒処分が権利濫用などにより無効となる場合があることについては、九五頁以下参照)。

就業規則の不利益変更は許されるか

就業規則をめぐる最大の問題は、就業規則が変更されて賃金が引き下げられるなど、労働条件の内容が不利益に変更される場合に生じる。労働者の同意なしになされた変更に法的拘束力を認めると、使用者の決定によって労働者に一方的に不利益が課されることになりかねない。逆に、個々の労働者の同意が必要であると、反対する労働者がすこしでもいる限り、職場全体にわたる集団的な制度改正ができなくなってしまう。この点について、最高裁判所は、労働者に不利益な労働条件を一方的に課すことは原則として許されないが、その規定が合理的なものである限り個々の労働者はその適用を拒否することはできないと判示し、変更内容の「合理性」を要件に就業規則変更の拘束力を認める立場をとった(前掲秋北バス事件判決)。

労働契約法は、この法理を法律上明文化し、使用者は労働者との合意なく就業規則変更により労働条件を不利益に変更することはできない(九条)。ただし、変更を労働者に周知させ、その内容が合理的な場合には、変更後の就業規則が労働契約の内容となる(一〇条)と定めている。この「合理性」については、①労働者の受ける不利益の程度、②変更の必要性、③変更後の内容の相当性、④労働組合等との交渉状況などを総合考慮して判断するものとされている(同条)。

一つ事例をみてみよう。経営指標が地方銀行のなかで最下位になった銀行が人件費削減のために人事制度改革に着手した。就業規則を改定して、五五歳以上の行員を管理職から外して新たに専門職という職位に付け、それに伴って管理職を外された行員の年収が約三〇〇万円ないし四三〇万円減少した(減少率は約三三～四六％)。この事案で、最高裁判所は、次のように判示した。賃金面での不利益は極めて重大であり(①)、かつこの変更は特定の行員(高年層)にのみ重大な不利益を課すものであり(他の行員の労働条件はこれに伴って改善されている)、この不利益を緩和する十分な経過措置等もとられていないこと（③）から、行員の九割を組織している多数組合がこれに同意していても（④）、これを大きな考慮要素と評価することは相当でない。したがって、この変更には合理性は認められない（みちのく銀行事件・最高裁二〇〇〇年九月七日判決）。このように、裁判所は、就業規則の変更をめぐる事情（①から④など）を総合的に考慮し、変更の合理性を判断している。

また、就業規則変更の拘束力を認めるもう一つの要件である労働者への「周知」についてはどうであろうか。近時の裁判例には、使用者が全体朝礼で就業規則変更につき概略的に説明しただけで、説明文の配布や説明会の開催など全従業員に具体的に説明する努力を払っていなかった場合には、周知（実質的周知）の要件を欠くとしたものがある（中部カラー事件・東京高裁二〇〇七年一〇月三〇日判決）。労働者への周知は、契約内容の変更（不利益変更）に反対している労働者にも変更を義務づける根拠となる重要な要件である。したがって、単に情報へのアクセスを可能とするだけでなく、内容の認識・理解を可能とするような具体的な説明の努力をすることが使用者に求められているといえる。

労働者の個別同意による労働条件変更の可否

近年さらに問題となったのは、会社が労働者から個別に同意を得ることによって、労働条件を不利益に変更することができるかである。就業規則変更の合理性が争われた場合、それが認められるかどうかは裁判所の判決が出るまでわからない。そこで、会社としてより確実に労働条件を変更することをねらって、労働者一人ひとりの同意（変更同意書への署名押印など）を得て、労働条件変更を行おうとする事例が出てきたのである。

最高裁判所は、労働条件を不利益に変更する場合であっても、労働者と使用者との個別の合意によって変更できると述べたうえで、その労働者の同意の有無については、労働者の受入れ行為の有無だけでなく、不利益の内容・程度、受入れ行為に至った経緯・態様、受入れ行為に先立つ労働者への情報提供・説明の内容等に照らして、受入れ行為が労働者の自由意思によると認めるに足りる合理的な理由が客観的に存在するか否かという観点からも判断されるべきとした（山梨県民信用組合事件・最高裁二〇一六年二月一九日判決）。このように、労働者の個別同意については、それが自由意思に基づくものかを慎重に判断するという姿勢を示したうえで、法人の合併に伴う退職金支給基準の見直しが問題となったこの事件の具体的な判断としては、労働者が当面の退職金額と計算方法を知り同意書に署名押印しただけでは足りず、使用者から具体的な不利益の内容・程度（自己都合退職の場合退職金額が０円となる可能性があること）についても情報提供や説明がされる必要があったとして、労働者の同意の存在を否定した。労働者は会社に使用されて指揮命令に服する立場にあり、その情報収集能力には限界があることを考慮して、労働者が同意するにあたって会社から具体的な情報提供や説明がなければ、労働者が署名押印をしていたとしても、その同意の存在を容易には認めないという裁判所の態度を明らかにしたのである。会社による情報提供・説明責任(アカウンタビリティ)を重視する近年の裁判所の傾向を示す例の一つともいえよう。

4　日本の労働法の体系と特徴

日本の労働法の体系——四つの法源

以上のように、働く人と会社の間の労働をめぐる関係は、労働契約を基礎としつつ、それに規制を加える法律(強行法規)、労働協約、就業規則(最低基準効)という、あわせて四つの法源によって規律されている。これを、法的な強さの順に整理しなおすと、**表1**のようになる。

働く人と会社の間の関係では、これらの四つの法源のなかのどれかによって根拠づけられ権利や義務となることによってはじめて、労働者が使用者に、または使用者が労働者に、法的な

表1　労働法の法源

① **法　　律**（強行法規） 労働基準法，最低賃金法，男女雇用機会均等法，育児介護休業法，労働契約法14条・15条・16条，民法1条3項・90条など
② **労働協約**（←労働組合法16条：規範的効力）
③ **就業規則**（←労働契約法12条：最低基準効）
④ **労働契約** 明示・黙示の合意，信義則〔民法1条2項〕による補充・修正など

請求をすることが可能になる。逆にいうと、これらの四つの法源のどれによっても根拠づけられていないことについては、裁判所の力を借りてその実現を図ることはできない（法的にいうと「請求の根拠を欠く」ということになる）。労働法とは、これらの①〜④の法源に支えられた権利と義務の体系ということもできる。

労働法をめぐる問題は、究極的には、これらの四つの法源のいずれかによって権利や義務として構成できるかどうかにかかってくる。労働法を体系的に理解するためには、まず何よりも、これらの四つの法源からなる労働法の枠組みを頭に入れておくことが重要である。現に働いている読者の皆さんは、自分の会社の労働協約や就業規則、自分の労働契約がそれぞれどうなっているかを、この機会に確認してみるとよいだろう。

日本の労働関係の特徴①——共同体的性格

本章の最後に、以上でみてきた日本の労働関係とそれを規律する法源の特徴について、二点述べておこう。

一点目は、日本の労働関係の人間的・共同体的性格である。

フランスの労働法学者アラン・シュピオは、労働は「モノ」か「ヒト」かという問いを立てた。言葉を換えると、働く人と会社の関係は、「労働と賃金との交換契約」か、「会社という共同体への人的帰属関係」かという認識の問題である。そもそも労働関係は、どの国においてもこの二つの側面を複合させた性格をもっているため、その性格をどちらか一方だけに決めつけることはできない。しかし、日本の労働関係は、他の先進諸国と比較した場合、「ヒト」としての性格、すなわち、企業共同体への人的帰属関係という性格が相対的に強いといえる。それは、終身雇用(長期雇用慣行)を中心とした日本的雇用システムのあり方と密接にかかわっている。

日本では、会社に定年まで雇用されること、会社としては余程のことがない限り従業員を解雇しないことを想定した雇用システムが社会的に広がっていった。そのなかで、日本の労働関係は単なる労働と賃金とを交換する契約としてではなく、従業員(特に正社員)とその家族を人間として会社という組織のなかに抱え込む、企業共同体への人的な帰属関係としての性格を強くもつようになったのである。濱口桂一郎は、この日本の労働関係の特徴を「メンバーシップ」型労働社会と呼び（『新しい労働社会』〔岩波新書〕）、菅山真次は、「職」に就く「就職」ではなく「会社」に入る「就社」社会が日本で誕生し拡大していった歴史を丹念に明らかにしている（『「就社」社会の誕生』〔名古屋大学出版会〕）。日本の労働者が、自分のことを示す言葉として、アメリカやフランスなどで一般に使われる「労働者（worker, travailleur）」や「被用者（employee, employé）」ではなく、会社のメンバーであることを意味する「会社員」という言葉を使うのも、日本の労働関係の共同体的性格を示す一つの例といえよう。このことは、法的には、日本の労働契約の解釈において人間関係や信頼関係を重視する信義則による補充的・修正的解釈などの形で表れている。

日本の労働関係の特徴②――就業規則の重要性

二点目は、法源としての就業規則の重要性である。

労働条件を決める際に、アメリカでは個別の交渉を経て締結される労働契約、フランスやドイツでは労働組合との団体交渉により締結される労働協約が、相対的に重要な役割を果たしている。これに対し、日本では、就業規則にほとんどすべての労働条件が記載されており、それを包括的に受け入れる、すなわち入社して就業規則が適用される関係に入ることで、労働契約の中身が決められることが多い。そして、この就業規則は、前に述べたように、労働条件を変更する際にも強い威力を発揮する。変更が労働者に周知され、その内容が合理的であれば、変更に反対している労働者がいたとしても労働者全体を拘束する（労働者は変更に従う義務を負う）ものとされているのである（四八頁以下）。これは、当事者間の合意を重視する伝統的な契約理論とは異質のものであり、日本の労働法の重要な特徴の一つをなすものである。ではなぜ、日本では会社が定める就業規則によって労働条件を集団的に変更できるとされているのか。その背景には、次の二つの理由がある。

一つは、集団法としての労働協約の不備である。フランスやアメリカの労働協約は、組合員か非組合員かを問わず、その適用範囲の労働者全員に適用されるものとされているため、会社は労働組合の同意を得て労働協約を改定することによって集団的に労働条件変更を行うことができる。しかし、日本の労働協約は、原則として労働協約を締結した労働組合の組合員のみに適用されるため、非組合員や他組合員がいると労働協約の改定という方法で労働条件の集団的変更を貫徹することが難しくなる。日本の就業規則は、この点で、労働協約に代わって集団的に労働条件を設定し変更する役割を担わされているのである。

もう一つは、日本の労働関係の継続性と対となった柔軟性の要請である。日本の労働法は、長期雇用慣行を中心とした日本的雇用システムと密接にかかわりあいながら形成されてきた。そしてなかでも、その特徴とされる労働関係の継続性は、次章で述べる解雇権濫用法理という判例法理によって法のなかに取り込まれてきた（六〇頁以下参照）。この継続性と対になって法的に求められるのが柔軟性である。共同体を構成するメンバーの人間関係・信頼関係を長期的に育て守っていくためには、関係の継続性とともに環境変化に対応する柔軟性が求められる。この柔軟性の要請を労働法のなかに取り込んで制度化したのが、就業規則の変更法理である。これにより、内容が合理的であれば、反対している人がいたとしても環境変化に応じて内容を柔軟に変更することが認められるのである。

日本の労働法の功罪

このように、日本の労働法は、他の先進諸国の労働法に比べて、当事者間の長期的な信頼関係を重視するという特徴をもっている。これは、一方では、人間関係を大切にし、日本企業の国際的競争力を支える源泉となってきたという点で、日本の労働法の長所ともいえる点である。

しかし他方で、そこには、メンバーシップをもたない者を差別したり、組織の論理を重視するあまり個人が組織のなかに埋没してしまうという危険が潜んでいる。非正社員の待遇をめぐる格差問題や、正社員の過重労働による過労死やメンタルヘルス問題は、この企業共同体に内在する危険が顕在化した例である。

これらの問題に対する具体的な対処法については次章以下でそれぞれみていくことにして、ここではさしあたり、このような日本の労働関係や労働法の特徴と功罪について、きちんと認識しておいてほしい。

第3章　採用、人事、解雇は会社の自由なのか

雇用関係の展開と法

私は大学三年生のとき、はじめて「労働法」の授業を受けた。菅野和夫先生は、その授業のなかで、日本の労働法のなかで最も重要な判例は、就業規則の不利益変更法理を創造した秋北バス事件判決（四七頁以下参照）だといわれた。その十数年後、『労働判例百選〔第七版〕』（有斐閣）で自分がこの判決を担当することになったときは、すこしうれしかったりした。

この就業規則の不利益変更法理と並んで、いやそれ以上に、日本の労働法上最も重要な判例法理といえるのが、日本食塩製造事件判決（最高裁一九七五年四月二五日判決）で定式化された解雇権濫用法理である。本章では、採用、人事、退職といった雇用関係の展開に関する労働法上の問題をみていくが、そのなかでも、まず最初に（雇用関係の展開の時間的な順番からすると逆になるが）、日本の労働法の中心的な特徴となっている解雇権濫用

法理からみていくことにしよう。

1　雇用関係の終了——解雇など

「世界に例をみないほど手厚い」保護

アメリカ出身の法社会学者ダニエル・H・フットは、次のように述べている。

「日本の裁判所は、労働者の解雇の場面で「解雇権の濫用」の法理を生み出し、世界に例をみないほど手厚い保護を与えてきた。」（『裁判と社会』〔溜箭将之訳・NTT出版〕九七頁）

そもそもアメリカでは、今日でも随意雇用原則（employment-at-will doctrine）が存在し、差別禁止法など法令に違反しない限り、いつでも理由なく解雇できるという原則がとられている。また、フランスやドイツなどのヨーロッパ諸国では、解雇に制限を加える法規制が発展してきている。例えば、フランスでは解雇に「現実かつ重大な理由」、ドイツでは「社会的に正当な理由」があることが求められている。しかし、これらの国でも、経営上の理由による解雇（日本でいう「整理解雇」）の経営判断については、会社の判断を基本的に尊重するという態度がとられている。

これに対し、日本では、次に述べるように、判例上、解雇権濫用法理という解雇規制が生み出され、そのなかで、解雇に対してかなり厳しい規制が加えられている。そこでは、場合によっては、裁判所が会社の経営判断に踏み込んで判断することもある。

解雇権濫用法理はどのようにして生まれたのか

そもそも、日本の民法は、期間の定めのない雇用契約については、二週間前に予告すればいつでも解約することができるとしている（六二七条一項）。この規定は、労働者からの解約（辞職）にも、使用者からの解約（解雇）にも、同様に適用されるものとされており、民法上は、解雇は、労働者の辞職と同様に、原則として自由と位置づけられている。実際に、戦後間もない一九四〇年代後半の日本では、解雇は実態としてかなり広く行われていた。

これに対し、地方裁判所レベルの判決・決定のなかには、一九五〇年前後から、解雇が与える労働者の生活への深刻な影響を考慮して、解雇に正当な理由を要求するものがみられはじめた。その後、一九五〇年代半ば以降の高度経済成長のなかで、正社員の終身雇用（長期雇用慣行）を中心とする日本的雇用システムが徐々に定着・浸透していくと、キャリア途中での解雇の労働者への打撃は、中途採用が難しくなる分、一般的により大きなものとなっていく。

このような社会状況のなかで、一九六〇年代後半以降、正当な理由がない解雇は権利の濫用(民法一条三項)として無効となるという法理が、地方裁判所や高等裁判所のなかで広がり定着するようになる。この流れを受けて、最高裁判所は、一九七五年の日本食塩製造事件判決で、「使用者の解雇権の行使も、それが客観的に合理的な理由を欠き社会通念上相当として是認することができない場合には、権利の濫用として無効になる」と述べ、判例法理としての解雇権濫用法理を確立した。このように、解雇権濫用法理は、正社員の長期雇用を重視する日本の雇用システムと結びつきながら、裁判所が発展させていった法理である。

この法理は、二〇〇三年の労働基準法改正によって、労働基準法一八条の二として法律上明文化され、さらに二〇〇七年の労働契約法の制定に伴って、現在では労働契約法一六条として規定されるに至っている(労働基準法一八条の二は削除された)。

解雇権濫用法理の内容

労働契約法一六条によると、解雇は、①客観的に合理的な理由を欠き、②社会通念上相当であると認められない場合には、権利の濫用として無効となるとされている。労働者を解雇する場合には、客観的合理性(①)と社会的相当性(②)の二つを備えていることが求められているのである。

このうち、解雇の合理的理由(①)としては、大きく、ⓐ労働者の能力や適格性が低下したこと(例えば、労働者が私的な事故により働くことが難しい状況になったこと)、ⓑ労働者が職場の規律を乱す悪い行為をしたこと(例えば、労働者が度重なる遅刻や早退で企業秩序を乱したこと)、ⓒ経営上の必要性(例えば、経営難で人員整理もやむを得ないこと)という三つのタイプのものがある。

これらの理由のうちのどれかが存在した、つまり客観的に合理的な理由(①)があるとしても、さらに解雇は、社会通念上相当なものとして認められなければならない(②社会的相当性)。この点について、日本の裁判所は、簡単には解雇の社会的相当性を認めず、労働者側に有利なさまざまな事情を考慮に入れたり、解雇以外の手段による対処を求めたりすることが多い。次の三つの例をみてみよう。

一つ目は、ニュースのアナウンサーの事例である。朝六時のラジオニュースを担当していたアナウンサーが、二週間に二度寝過ごして放送事故を起こした。しかも二度目の事故については当初上司に報告せず、その後事実と異なる報告書を提出した。この労働者の規律違反行為

ⓑを理由としてなされた解雇について、最高裁判所は、この労働者のみを責めるのは酷である、普段の勤務成績は悪くない、二度目の事故についても謝罪の意を表明しているなどの事情を勘案し、解雇に処することは必ずしも社会的に相当なものとして是認することはできないとして、解雇を無効とした（高知放送事件・最高裁一九七七年一月三一日判決）。

二つ目は、タクシー運転手の事例である。タクシー運転手として勤務することを予定して入社した労働者が、視力低下のため二種免許を喪失し、タクシー運転手として勤務することができなくなった。この能力低下ⓐを理由としてなされた解雇について、東京地方裁判所は、会社がタクシー運転手以外の仕事をこの労働者に提供することは困難ではないことから、資格喪失のみをもって解雇することはできないと判断した（東京エムケイ事件・東京地裁二〇〇八年九月三〇日判決）。

三つ目は、部門閉鎖に伴う解雇の事例ⓒである。経営悪化した会社が、再生手続開始を申し立てた後、同社の紡績部門を閉鎖することとして同部門で働いていた労働者一〇五名を解雇した。これに対し、名古屋高等裁判所は、紡績部門を継続したら将来破綻に陥ることが避けられないという事情は主張立証されておらず、解雇の回避に努めていたともいえず、解雇前の労働組合への説明も不十分であったことなどから、解雇権の濫用として無効であると判断した

（山田紡績事件・名古屋高裁二〇〇六年一月一七日判決）。

解雇が権利濫用として無効とされると、労働契約上の権利はそのまま存続するものとして取り扱われる。違法な解雇によって働けなかったことについても、その責任は使用者側にあるとして、その期間中の賃金の支払いが命じられることが一般的である（民法五三六条二項参照）。

このように、裁判所が個別の事案のなかで解雇の社会的相当性をかなり厳しく求めている点、そして、解雇が権利濫用とされた場合の法的救済の内容が解雇無効と賃金支払いという重いものとされている点に、日本の解雇権濫用法理の大きな特徴がある。

整理解雇法理

なかでも経営上の理由からなされる解雇は、「整理解雇」と呼ばれ、整理解雇法理という特別の法理が形成されている。これは、①人員削減の必要性、②解雇回避の努力、③人選の合理性、④手続の妥当性という四つの観点から、解雇の合理性・相当性をより具体的に判断しようとするものである（例えば、東洋酸素事件・東京高裁一九七九年一〇月二九日判決、前掲山田紡績事件判決など参照）。

①の人員削減の必要性については、裁判所は、基本的に会社の経営判断を尊重する傾向にあ

る。もっとも、企業の財政状況に全く問題がない場合や整理解雇をしながら新規採用をするといった矛盾した行動がとられていた場合には、人員削減の必要性がなかったものと評価されることがある。

②については、解雇という手段をとる前に、残業の削減、新規採用の手控え、余剰人員の配転・出向、非正規従業員の雇止め・解雇、一時休業、役員報酬の引下げ、希望退職者の募集など、それぞれの企業の状況のなかで可能な限りの措置をとって、解雇を回避するよう努力することが求められる。

③については、解雇回避努力を尽くしてもなお余剰人員が存在する場合、余剰人員数を確定したうえで合理的な人選基準を定め、その基準を公正に適用して被解雇者を決定することが求められる。その際、「責任感」や「協調性」といった抽象的な基準は恣意的な人選を許すものとして、その合理性が否定されることがある。

④として、会社は労働組合や労働者に対して、人員整理の必要性、解雇回避の方法、整理解雇の時期・規模・人選の方法などについて説明を行い、その納得を得るために誠意をもって話合いをしなければならない。

裁判所は、整理解雇の四要件または四要素と呼ばれるこれらの四つの点を考慮しながら、整理解雇が権利濫用にあたらないかを判断している。

整理解雇は不可能に近いのか

しばしば、経済学者やマスコミなどの間で、日本の解雇規制、特に整理解雇の四要件は極めて厳格であり、解雇をほとんど不可能にしている、その結果、日本企業は正社員の採用に慎重にならざるをえず、正社員と非正社員間の格差問題の拡大にもつながっている、といわれている。しかし、実際の裁判例をみてみると、日本の整理解雇法理はそれほど厳格で硬直的なものではなく、個別の状況に応じてある程度柔軟に判断されていることがわかる。

例えば、事業場や職務の限定付きで雇用されていた労働者に対して、その事業場や職務が廃止されることに伴ってなされた解雇の有効性が争われたこれまでの裁判例をみてみると、整理解雇の四要件(または四要素)をそのままあてはめて判断したものはむしろ少数で、①人員削減の必要性(廃止決定の合理性)のみを考慮するものや、それに加えて、②配転の可能性や④手続の妥当性を考慮に入れて判断するものが多い。そして、このような事案では、結論として解雇を有効とした裁判例が多いことがわかる。逆に解雇が無効とされたのは、人員削減の必要性自体に疑問がある、同じ職務に就いていたのに解雇されなかった者がおりその経緯も明らかでない、有期契約の期間途中での解雇であり期間満了を待たずに解雇する必要性が認められない（労働契約法一七条一項参照）など、解雇という選択そのものの合理性が疑われるケースであった（裁判例の具体的な分析については、ジュリスト一四二二号一四八頁参照）。

このように、整理解雇法理は、世間で思われているほど硬直的で厳格なものではない。実際の裁判例では、それぞれの事案の状況に応じて、解雇の合理性・相当性が比較的柔軟に判断されているといえる。

解雇予告と期間制限

解雇に関しては、合理的で相当な理由を求める解雇権濫用法理（労働契約法一六条）以外にも、法律上一定の規制が定められている。

使用者は、解雇をするには、少なくとも三〇日前に予告をするか、三〇日分以上の平均賃金（予告手当）を支払わなければならない（労働基準法二〇条一項）。予告日数は一日分の平均賃金を支払った日数だけ短縮できる（同条二項）とされており、予告日数と平均賃金支払日数の合計が三〇日に達していればよい。これは、解雇による労働者の生活上の打撃を和らげるため、民法上の二週間の予告期間（六二七条一項）を三〇日に延長したものである。ただし、天災事変などのやむを得ない事由によって事業を継続できなくなった場合や、労働者に重大な非行や規則違反行為があった場合には、所轄の労働基準監督署長の除外認定を受けて、予告なく解雇することができる（労働基準法二〇条一項但書、同条三項）。

使用者は、労働者が労働災害で療養するために休業する期間とその後の三〇日間、および、産前産後休業の期間とその後の三〇日間は、その労働者を解雇してはならない（労働基準法一九条一項）。労働者が安心して労災の療養や産休をとれるようにするための規制である。ただし、使用者が労働災害について打切補償（同法八一条）を支払った場合、または、天災事変などのやむを得ない事由によって事業を継続できなくなった場合には、この解雇の期間制限は適用されない（同法一九条一項但書・二項）。

要するに、使用者は、原則として、三〇日間の予告期間を置くか予告手当を支払い、解雇の期間制限がかかっていない時期に、かつ、客観的に合理的で社会通念上相当といえる理由がある場合に限り、労働者を解雇することができるのである。

辞職と合意解約

「解雇」とは、労働契約の終了のなかでも、使用者の一方的な意思表示による解約のことをいう。これとは反対に、労働者の一方的な意思表示による労働契約の終了を「辞職」という。また、労働者と使用者が合意して労働契約を解約することを「合意解約」という。

辞職については、民法の原則に戻り、期間の定めのない労働契約の場合、労働者は二週間前に申し入れればいつでも会社を辞めることができる（民法六二七条一項）。人手不足のなか、会社が、「代わりの人を連れてこないと辞めさせない」とか、「辞めるんだったら賠償金を払ってもらう」などと言って労働者を引き留めようとすることがあるが、辞職の自由は労働者に保障された重要な人権の一つであり（憲法一三条、二二条等参照）、労働者は二週間前に予告すればいつでも自由に会社を辞めることができる。会社が労働者の契約違反に対して違約金や損害賠償額を定めていたとしても、そのような定めは労働基準法一六条違反として無効である（一一四頁）。

合意解約については、二週間の予告期間を置くことも必要なく、両当事者の合意によりいつでも労働契約を終了させることができる。

辞職や合意解約の場合、「解雇」には該当しないため、前述した解雇権濫用法理や解雇予告規制などの適用はない。しかし、使用者が労働者に対し執拗に辞職を求めるなど、労働者の人格を傷つけるような態様で退職勧奨が行われた場合には、労働者は使用者に対し人格的利益を侵害する不法行為（民法七〇九条）として損害賠償の支払いを求めることができる。

会社としては「解雇」となると解雇権濫用法理という厳しい規制がかかり、世間体もよくないので、労働者にさまざまな形で圧力をかけて辞職や合意解約に追い込もうとする例が後を絶たない。このような場合、①そもそも辞職や合意解約という労働者の意思は真意に基づいたものであったのか(会社に強要されるなど真意によらずに退職の意思を表明した場合、その意思表示を無効としたり取り消すことができる〔民法九三条、九六条など〕)、②退職を求める過程で労働者の人格を損なうような行き過ぎた言動が会社側になかったか(右に述べたように損害賠償の支払いの対象となる)といった点が、法的に問題となりうる。労働者が泣き寝入りをせず正当な権利の主張をしていくことが、このような悪弊を将来に向けてなくしていくための一つの、しかし着実な方法といえよう(法的救済を求める具体的な方法については二一九頁以下参照)。

期間の定めのある労働契約――無期転換と雇止め

そもそも労働契約に期間の定めがあり、その期間が満了することによって労働契約が終了することもある。正社員の場合は期間の定めなく雇用されていることが多いが、パート、アルバイト、契約社員、嘱託、派遣などの形態で働く労働者については、期間の定めを設けて雇用されていることも多い。日本の法律は、労働契約に期間を定める場合には、その上限を三年とす原則を定めている(労働基準法一四条)。しかし、期間の定めのある労働契約の締結や更新そのものには、特段の制限を設けていない。そこで、例えば一年や三年という期間付きで労働契約が締結され、それを何度も更新して労働関係が長く続くという事態も生じていた。

二〇一二年の労働契約法改正は、期間の定めのある労働契約が更新されて通算契約期間が五年を超える場合に、労働者が期間の定めのない労働契約への転換の申込みをすれば、期間の定めのある労働契約の終了と同時に、期間の定めのない労働契約に転換する旨を定めた（労働契約法一八条一項）。例えば、一年の有期労働契約の場合は六回目以降、三年の有期労働契約の場合には二回目以降は、通算契約期間が五年を超える契約となるため、その期間中に労働者が希望すれば、期間満了の翌日から自動的に無期労働契約に移行するものとされる。有期契約労働者の雇用の安定を図る目的で、このいわゆる「無期転換」制度が定められたのである。この制度の適用上の注意点は、①契約と契約の間に六か月以上の無契約期間（いわゆる「空白期間」）がある場合には、通算契約期間がリセット（クーリング）されること（同条二項）、②無期転換後の労働契約の内容は、別段の定めがある場合を除き、契約期間が無期になる以外は有期労働契約の内容と同じものになるとされていること（同条一項二文）にある。有期契約で雇用され契約が更新されている場合には、この無期転換を求めることができる状況にあるのか、転換した場合の契約内容はどのようなものになるのかを確認することが大切になっている。

有期労働契約に関するもう一つの大きな法律問題は、期間満了と労働契約の終了をめぐる問題である。

期間の定めのある労働契約の期間が満了し、会社が契約を更新しないと判断した場合、労働契約は原則として終了することになる。この契約不更新は「雇止め《やといど》」と呼ばれている。しかし、雇止めにより契約は終了するという原則を貫くと、会社側の判断次第で労働者の法的地位が不安定なものになってしまうおそれがある。そこで、判例は、ⓐ業務の客観的内容（臨時的・季節的なものでなく恒常的なものか）、ⓑ当事者の主観的態様（雇用継続についてどのような言動・認識があったか）、ⓒ更新の状況（長期にわたる反復更新があったか、これまで他に雇止めの例はあったか）などの事情を勘案し、①当該契約が無期労働契約と実質的に異ならない状態で存在していた場合（実質的無期契約タイプ）、または、②労働者が雇用の継続を期待することにつき合理性があると認められる場合（期待保護タイプ）には、解雇権濫用法理が類推適用されるとする法理（「雇止め法理」）を確立し、雇用の実態に応じて労働者の実質的な保護を図っている（①については東芝柳町工場事件・最高裁一九七四年七月二二日判決、②については日立メディコ事件・最高裁一九八六年一二月四日判決参照）。二〇一二年の労働契約法改正は、この判例上の雇止め法理を法律上明文化し(①については一九条一号、②については同条二号)、実質的無期契約タイプ①または期待保護タイプ②のいずれかにあたる場合には、雇止めに客観的合理性・社会的相当性が認められなければ、有期労働契約が更新されたのと同様の法律関係が生じることを確認した。

この法理(特に②期待保護タイプ)は、かなり広い範囲にわたって適用されている。例えば、契約更新が一度もない事案(一回目の期間満了時点での不更新)でも、契約締結時に期間満了で契約が終了するとは聞かされておらず、これまで他に雇止めの例もないなどの事情があるケースでは、雇止め法理が適用されて不更新が違法とされている。また近年では、例えば一年契約で更新は二回までという更新限度を会社側があらかじめ定めておいたり、最後の更新の際に次回は更新しない旨の不更新条項を差し入れたりするケースが増えている。しかし、このような定めがあったからといって当然雇止め法理の適用がなくなるわけではなく、他の事情(前述のⓐからⓒなど)もあわせて労働者の雇用継続の期待に合理性があったか否かを判断し、雇止め法理が適用されるかどうかが決定されている。例えば、契約を更新するなかで「一年契約で最大三年(三年で雇用終了)」とする会社方針が決定され説明されたが、その時点で既に更新の合理的期待を有していたとされた例(学校法人立教女学院事件・東京地裁二〇〇八年一二月二五日判決)、最後の更新時に不更新条項が付され署名押印したが、その時点で存在していた更新の合理的期待は不本意ながら求められた不更新条項への署名押印により排除されるわけではないとされた例（明石書店〔制作部契約社員・仮処分〕事件・東京地裁二〇一〇年七月三〇日決定）などがある。

定年制

キャリアの途中で解雇や辞職などをすることがなくても、最後は、定年によって労働契約が終了することが多い。定年制は、一定年齢に到達したことによって労働契約が終了するというルールのことであり、会社の就業規則にその定めが置かれていることが多い。そもそも、この定年制は法的に有効なもの（就業規則の定めとして合理的なもの〔四七頁以下参照〕）といえるのだろうか。

一方では、個人が自分の意思では選択できない年齢によって異なる取扱いをすることは「差別」にあたるとしてこれを違法とすることが考えられる。現にアメリカやＥＵ諸国では、雇用における年齢差別は、定年制も含めて、原則として禁止されている。また、少子高齢化社会においては、年齢にかかわらずその能力を発揮して就労してもらうことが、日本の競争力の維持・発展や年金財政の健全化などの政策的な観点からも求められる。しかし他方で、長期雇用慣行をとっている日本企業において定年による退職を認めないと、会社のなかに高年齢層が滞留し人事刷新が図れなくなる事態や、あるいは年齢によらない若年層を含めた解雇や退職を断行せざるをえない事態に陥りかねない。定年制を見直すためには、日本の長期雇用慣行や解雇権濫用法理の内容を見直すことも必要になるだろう。このような状況のなか、これまでの日本の判例は、定年制も一般的に不合理な制度とまではいえないと判断している(秋北バス事件・最高裁一九六八年一二月二五日判決など)。

高年齢者雇用安定法という法律は、この定年制の存在を前提としつつ、事業主に、定年年齢を定める場合には六〇歳以上とすることを義務づけている(八条)。さらに、六五歳からの年金支給開始に対応するために、六五歳までの雇用確保措置(①定年年齢の引上げ、②継続雇用制度の導入、③定年制の廃止のいずれか)をとるべきことを定めている(九条一項)。

今後、少子高齢化が進行し年金財政収支の悪化が深刻化するなかで、定年制を維持しながらその年齢を引き上げていくか、定年制に象徴される年齢差別を禁止し年齢によらない労働社会の実現に向けた改革を進めていくか。欧米諸国の国際的な動きと日本的な雇用システムとの間で、日本はいま重要な政策的選択を迫られている。

2　雇用関係の成立——採　用

採用の自由

日本では、解雇権濫用法理により、使用者の解雇の自由に大きな制限が加えられてきた。これとは対照的に、使用者に幅広い採用の自由、つまりどのような人をどのような基準で雇うかを決める自由が認められている。

最高裁判所の判例によれば、国籍・信条・社会的身分を理由とする労働条件差別を禁止した労働基準法三条は採用には適用されず、思想・信条を理由とした採用拒否も当然に違法であるとはいえないとされている（三菱樹脂事件・最高裁一九七三年一二月一二日判決）。また、組合活動を理由とする不利益取扱いを禁止する労働組合法七条一号も、原則として採用には適用されないものと解釈されている（JR北海道等事件・最高裁二〇〇三年一二月二二日判決）。ただし、女性であることを理由とする募集・採用差別（男女雇用機会均等法五条）、障害を理由とする募集・採用差別（障害者雇用促進法三四条）、労働者の募集・採用にあたり年齢制限をつけること（労働施策総合推進法九条）など法律上明文で禁止されている場合には、採用の自由もその制限に服する

（なお、長期勤続によるキャリア形成を図る観点から若年者等を募集・採用する場合などやむを得ない理由がある場合には、労働者の募集・採用に年齢制限をつけることが例外的に認められている〔労働施策総合推進法施行規則一条の三第一項〕）。

なぜ、日本では採用の自由が広く認められているのか

日本とは対照的に、アメリカやEU諸国では、採用段階も含めて雇用差別が禁止されている。いくら採用後の差別を禁止したとしても、そもそも採用されなければ、雇用社会に入ることすらできない。差別されている人たちにとっては採用時の差別がもっとも大きな障壁となるものであるため、雇用差別を禁止するときには採用段階の差別も当然禁止の対象に含まれるものとされてきたのである。しかし、日本の判例は、思想・信条を理由とした採用差別もただちに違法となるものではないとして、現在も使用者の採用の自由を広く認めている。なぜだろうか。

その実質的な根拠としては、長期雇用慣行をとっている日本の企業では人間的な信頼関係が重視され、かつ、いったん採用すると解雇権濫用法理のもとで容易に解雇することもできなくなるため、採用時に候補者の人物・性格などにかかわる事情を慎重に吟味して人選を行うことを認めるべきであるという考えがある。

しかし、別様なものを別様なものとして認めない日本の閉鎖的な共同体的社会が維持されることに問題はないか。思想・信条が異なる者は人間的な信頼関係を築けないというステレオタイプな見方自体に、考え直すべき点はないのか。かりに人間的な信頼関係が大切であるとしても、それを損なうような具体的な言動や徴表がある場合に限り、それへの対処を認めるべきではないか。

フランスで日本の労働法の授業をするとき、強い違和感をもって受けとられ、説得的に説明するのがもっとも難しいのが、労働者の内心の自由より会社の経済活動の自由を優先するこの日本の判例の立場である。多様化が進み、閉鎖的な共同体社会の弊害が大きく顕在化するなか、日本の判例を見直すべきときに来ているのではないだろうか。

採用内々定・内定・試用期間

この採用の自由も、使用者が採用する者を決める過程にあてはまるものにすぎない。いったん労働契約が成立すると、その後の使用者による一方的な解約の意思表示は解雇にあたることになり、前述した解雇権濫用法理（六二頁以下参照）が適用されることになる。では、労働契約はどの時点で成立するのか。

これは、両当事者間にどの時点で「入社する」「採用する」という合意が成立したといえるのかという個別具体的な事情に応じた契約の解釈の問題である。判例のなかには、使用者からの採用内定通知によって労働契約が成立し（ただし、内定通知に記載された事由が生じた場合には内定を取り消すことがあるという解約権留保付の労働契約の成立）、その後の内定取消は解雇にあたるため客観的に合理的で社会通念上相当といえる理由が必要であるとしたものがある（大日本印刷事件・最高裁一九七九年七月二〇日判決）。留保された解約権の行使である内定取消が認められる具体的な理由としては、成績不良による卒業延期、健康状態の著しい悪化、虚偽申告の判明、逮捕・起訴猶予処分を受けたことなどがあげられる。

また、入社の際に適格性を観察する期間として試用期間が設けられることがある。一般的には、入社後三か月または六か月の試用期間が付されることが多い。これについても、解約権留保付の労働契約が成立しているものとされ、試用期間終了時になされる本採用拒否は解雇であって、客観的合理性・社会的相当性がある場合にのみ許されるとした判例がある（前掲三菱樹脂事件判決）。これらの内定取消や本採用拒否に、客観的に合理的で社会通念上相当といえる理由がない場合には、労働契約はその後も存続し、賃金の支払いなどを求めることができることになる。

採用内定の前に会社から通知される採用内々定についても、この時点で労働契約が成立するか否かは個別具体的な事情に応じた契約の解釈の問題である。裁判例のなかには、正式な内定式の前の内々定の時点では労働契約は成立したとまではいえないが、会社が極めて簡単な通知で突然内々定を取り消し、その後も誠実な態度で説明や対応をしなかったことに対し、内々定者の就労への期待利益を侵害したとして五五万円の損害賠償を命じたものがある(コーセーアールイー〔第二〕事件・福岡高裁二〇一一年三月一〇日判決)。

労働条件の明示義務

使用者は、労働契約の締結に際し、賃金・労働時間その他の労働条件を労働者に明示しなければならない(労働基準法一五条一項)。労働契約の期間、就業場所、従事すべき業務、労働時間、賃金、退職(解雇事由を含む)に関する事項については書面の交付(または電子メールの送信等で労働者が希望する方法)によることが求められている(労働基準法施行規則五条)。この書面の交付は、当初の就業場所と従事業務を記載した辞令の交付とあわせて、会社の就業規則の提示という方法で行われることも多い。また、労働契約法は、その他の事項についても、できる限り書面により確認するものとしている(四条二項)。労働契約の内容を明らかにしておくことは、労働者の権利や利益を守るためにも、将来の無用な紛争を防ぐためにも、重要である。

労働者を募集する際には好条件を提示していたのに、実際に働き始めてみると低い労働条件で働かされているという「求人詐欺」も社会問題となっている。この問題に対処するため、二〇一七年職業安定法改正は、職業紹介や募集時に明示された労働条件を労働契約を締結する前に変更する場合（内容を特定したり追加する場合も含む）には、会社（求人者・募集者等）に労働契約を締結する前に求職者に書面の交付等によって変更する事項を明示することを義務づけた（五条の三第三項・四項）。裁判例では、ハローワークで「期間の定めなし」、「定年制なし」と記載された求人票をみて採用され、その後、会社で契約期間一年、六五歳定年制と記載された書面（労働条件通知書）に労働者が署名押印したとしても、労働者の自由な意思による同意があったとはいえないとして、求人票記載の内容の契約となるとしたものがある（福祉事業者A苑事件・京都地裁二〇一七年三月三〇日判決）。

会社の広範な人事権

3　雇用関係の展開——人　事

長期雇用慣行が存在し、解雇による雇用関係の終了が大きく制限されている日本企業においては、企業組織の柔軟性を確保し、長期的な共同体関係の維持・形成を図るためにも、使用者に人事権という広い権限が認められてきた。実際に、昇進・昇格、配転・出向、懲戒処分など、人事上のさまざまな措置が会社側のイニシアチヴで行われることが多い。

この人事権の法的根拠は何か。これについては、大きく、使用者は企業経営をしていく以上当然人事権をもっているとする固有権説と、人事権も契約に根拠づけられてはじめて認められるとする契約説の二つが考えられる。このうち、固有権説のさらなる根拠、すなわち、なぜ会社は人事権を固有の権限としてもつのかという点を突き詰めて考えると、会社にはそもそも経営の自由(憲法二二条参照)が認められており、そこから経営権やその一環としての人事権などが発生するという説明が考えられうる。しかし、他人から拘束を受けないという意味の憲法上の自由と、他人を拘束する権限をもつという私法上の権利義務とは理論的に直結するものではなく、この点で、固有権説は理論的根拠が薄弱といえそうである。

経営権や人事権といっても、他人である労働者を拘束する権利として位置づけられるものについては、やはり契約上の根拠、つまり、労働協約、就業規則または労働契約上の根拠(明示・黙示の合意、信義則に基づく契約解釈など)があってはじめて認められると解釈すべきで

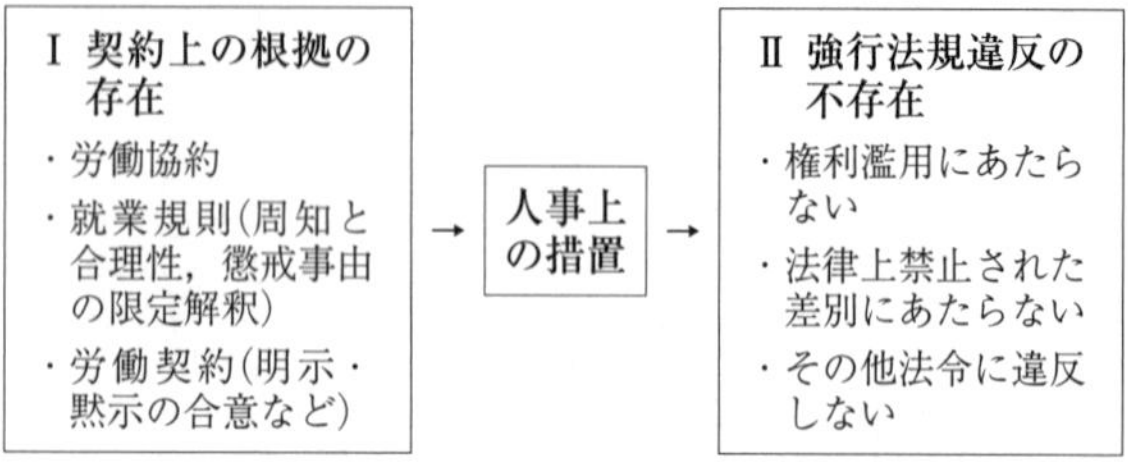

図2　会社の人事権の行使に対する法的規制の枠組み

あろう。

人事権の一般的な規制枠組み

日本企業の人事部（総務部のなかに位置づけられることもある）は、企業内の多くの情報と権限を掌握しており、社内でかなり大きなパワーを有している。日本では人事畑を歩んできた人が社長になることも多い。人事部は幅広く強力な人事権をもち、さまざまな人事上の措置を講じることをその務めとしている。しかし、この人事権の行使も、まったく自由に行うことができるわけではない。法的には、主として、次の二つの観点から制約が加えられている（図2）。

第一に、前述のように、それぞれの措置を命じる契約上の根拠（労働協約、就業規則または労働契約上の根拠）が存在することである。例えば、就業規則に配転命令の根拠となる合理的な規定が存在するなど契約上の根拠がない限り、会社が労働者に配転を命じることはできない。

　第二に、契約上の根拠規定が存在していたとしても、その権利の行使が権利の濫用（民法一条三項、労働契約法三条五項）にあたらないなど、法律（強行法規）に違反しないことである。例えば、配転について、①業務上の必要性がない場合、②不当な動機・目的による場合、③労働者に通常甘受すべき程度を著しく超える不利益を負わせる場合など特段の事情があるときには、その命令は権利濫用として無効となると解されている（東亜ペイント事件・最高裁一九八六年七月一四日判決）。また例えば、男性のみを昇格させ女性を昇格させないことも、男女雇用機会均等法という法律（六条）に反するものとして損害賠償の対象となる。

人事考課（査定）

　日本企業の人事管理においては、役職制度や職能資格制度がとられていることが多い。会社内での役職（部長・課長・係長など）、基本給の指標となる職能資格（主事三級六号俸など）、賞与の支給係数などは、上司等が従業員を観察して行う人事考課（査定）に基づいて決定される。

　人事考課制度が就業規則などを通じて労働契約の内容となっている場合、使用者は人事考課権をもつことになる。人事考課は使用者の経営判断と結びついたものであり、特に日本では、人事評価項目が能力・情意・業績など広範にわたり抽象的なものも多い。そのため、使用者は人事考課を行うにあたり、原則として広い裁量権をもつと考えられている。

しかし、人事考課が、①国籍・信条・社会的身分(労働基準法三条)、組合加入・組合活動(労働組合法七条一号)、性別(男女雇用機会均等法六条)など法律上禁止された事由を考慮に入れた場合、②目的が不当であったり、評価が著しくバランスを欠くなど裁量権の濫用(民法一条三項、労働契約法三条五項)にあたる場合、③所定の考課要素以外の要素に基づいて評価をしたり、評価対象期間外の事実を考慮するなど人事考課に関する契約上の定めに反する場合には、人事考課を違法として損害賠償を請求することができる。例えば、従業員が「社長は血も涙もないことをする。ひどいワンマン体制だ」と社長批判の発言をしたことについて、その直後の査定で低い評価としたことは適法としつつ、その後の査定で再びこれを考慮して低評価としたことは違法であるとした裁判例がある(マナック事件・広島高裁二〇〇一年五月二三日判決)。

昇進・昇格・降格

昇進とは役職の上昇を指し、昇格は職能資格の上昇を意味する。この昇進・昇格の判断は、一般に、使用者に広い裁量権が認められる人事考課に基づいて行われる。また、特に昇進の対象となるポストの数や配置については、使用者の経営判断に基づいて決定されることが多い。

したがって、労働者は、原則として、使用者の決定がなければ昇進・昇格した地位にあることを求めることはできないと解釈されている。

しかし、例外がある。①就業規則の定めや労使慣行などを通じて昇進・昇格することが契約の内容となっていると認められる場合(例えば勤続一〇年で原則として係員を係長に昇格させる旨が就業規則に定められている場合)には、昇進・昇格した地位にあることの確認を求めることができる。また、②昇進・昇格決定の基礎となった人事考課が法律上禁止された差別(労働基準法三条、男女雇用機会均等法六条、労働組合法七条一号など)や権利濫用などにあたり違法と評価される場合には、損害賠償を求めることができる。

降格とは、役職または職能資格を低下させることをいう。そのうち、役職を低下させるにすぎない降格(例えば賃金引下げを伴わない課長から係長への格下げ)は、労働者の適性や成績を評価して行われる労働力配置の問題(役職の上昇である「昇進」の裏返しの措置)と考えられる。したがって、使用者は、成績不良や職務適性の欠如など業務上の必要性があり、権利濫用にあたらない限り、その裁量によってこれを行うことができる。

これに対し、職能資格を低下させる降格は、基本給の変更をもたらす契約上の地位の変更である。そのため、これについては、労働者の同意や就業規則上の合理的規定など契約上の根拠が必要である。また、契約上の根拠がある場合にも、その契約内容に沿った措置か(例えば降格に値する職務遂行能力の低下があったか)、権利濫用など強行法規違反にあたる事情がないかが、さらに検討されることになる。

人事異動――配転・出向・転籍

配転とは、職務内容や勤務場所の変更のことをいう。日本企業では、長期雇用慣行のもとで、企業内での幅広い能力形成や雇用維持のために、定期的に従業員の配転を行っているところが多い。このうち、引越しを伴うようなものは転勤とも呼ばれている。この配転(転勤)は労働者の生活やキャリア形成に影響を及ぼすこともあるため、使用者と労働者との間の適切な利害調整が必要となる。

配転については、就業規則に「業務上の都合により配転を命じることができる」といった規定が置かれていることが多い。このような概括的な規定も、日本企業での配転の重要性を考慮して、一般に合理的なものと解釈されている。もっとも、職種や勤務地を限定する合意(黙示の合意も含む)がある場合には、配転命令権はその合意の範囲内のものに限定される。例えば、医師・看護師・大学教員など特殊な資格や技能をもつ労働者については職種限定の合意があると認められ、また、現地採用の補助職員、勤務地限定の一般職社員については勤務地限定の合意があると認められうる。

配転命令権に契約上の根拠がある場合にも、その権利の行使は濫用にあたってはならないという制約がかかる。例えば、①長時間の新幹線通勤や単身赴任という負担を負わせてまで配転しなければならないほどの業務上の必要性は認められない事案（ＮＴＴ西日本〔大阪・名古屋配転〕事件・大阪高裁二〇〇九年一月一五日判決）、②いやがらせや退職へ追い込む意図で配転がなされた事案（新和産業事件・大阪高裁二〇一三年四月二五日判決）、③配転すると病気の家族を介護できなくなる事案（ＮＴＴ東日本〔北海道・配転〕事件・札幌高裁二〇〇九年三月二六日判決など）で、配転命令は権利の濫用にあたると判断されている。

一つの企業を超えた労働者の異動として、出向と転籍がある。出向（在籍出向とも呼ばれる）とは、出向元企業に従業員としての地位（籍）を残しながら、出向先企業で働くことをいう。転籍（移籍出向とも呼ばれる）とは、移籍元企業との労働契約関係を終了させ、移籍先企業と新たな労働契約関係に入ることをいう。出向・転籍をめぐる最大の問題は、労働者の個別の同意なしに出向・転籍を命じることができるかという点にある。

まず、出向命令権の有無について、判例は、就業規則と労働協約に出向命令権を根拠づける規定があり、出向期間、出向中の地位、出向先での労働条件など出向労働者の利益に配慮した出向規定が設けられていたケースで、使用者は労働者の個別の同意なしに出向を命じることができるとした（新日本製鐵〔日鐵運輸第2〕事件・最高裁二〇〇三年四月一八日判決）。出向に伴う不利益への配慮が十分になされている場合には、出向と配転とを実質的に同じものとみて判断することができると考えられたのである。この場合でも、出向命令権の行使が権利の濫用になってはならない点は、配転の場合と同様である。労働契約法は、出向の必要性や出向させる労働者の人選などの点で、会社がその権利を濫用したという事情がある場合には、出向命令は無効となる旨を定め、この点を確認している（一四条）。

これに対し、転籍については、前の労働契約が解約され新たな労働契約が締結されるものである以上、労働者本人の個別の同意が必要であり、使用者は一方的に転籍を命じることはできないと解されている。

企業組織の変動──合併・事業譲渡・会社分割

企業組織の変動をもたらすものとして、合併、事業譲渡、会社分割の三つがある。この変動の際に、労働契約はどうなるか、変動後の企業に引き継がれることになるのかが、大きな問題となる。

合併の場合には、合併後の会社（新設会社または吸収会社）に、労働契約上の権利義務を含むすべての権利義務が全面的に引き継がれる。

会社分割の場合には、法律（会社法七五七条以下など）に基づいて、権利義務の帰趨が決まる。すなわち、会社分割の際に作成される分割計画書または分割契約書に記載された権利義務は、分割先の会社（新設会社または吸収会社）に引き継がれるのが原則である。ただし、承継される事業に主として従事する労働者が、会社が作成する分割計画書・契約書に記載されていなかった、すなわち、移籍の対象とされていなかった場合、異議を申し出ることにより分割先への移籍を主張することができる（労働契約承継法四条）。逆に、承継される事業に主として従事してはいなかった労働者が分割計画書・契約書に記載されていた、すなわち、移籍の対象とされていた場合には、異議を申し出ることにより分割先への移籍を拒否することができる（同法五条）。

これに対し、事業譲渡の場合には、譲渡元企業と譲渡先企業との個別の合意に基づいて、どの権利義務が移転されるかが決定される。企業間の合意・決定に委ねられている分、労働者の地位は不安定になりかねない。労働者との関係では、大きく次の二つの問題が生じる。

第一に、事業譲渡に伴う労働者の移転が譲渡元と譲渡先で合意されている場合、労働者は移転を拒否できるかである。この点については、一般に労働契約上の権利の譲渡については労働者の承諾が必要とされている(民法六二五条一項)ため、労働者はこれを拒否し元企業に残ることができると考えられている。

第二の問題は、事業譲渡の対象から排除された労働者が自分も譲渡(移転)の対象とするように求めることができるかである。この場合も、事業譲渡における権利義務の移転は譲渡元と譲渡先の合意である事業譲渡契約によって決まるのが原則であるため、譲渡先がある労働者を承継対象に含めないことは可能であるとの解釈が一般的である。ただし、労働組合員であることや労働条件変更に反対したことを理由に特定の労働者を排除するなど、その決定が法律(労働組合法七条一号、民法九〇条など)に違反する場合には、その部分は違法・無効と解釈されうる。また、事業を包括的に引き継いだ者(譲渡先)が事実上従業員を継続して使用していたケース(Aラーメン事件・仙台高裁二〇〇八年七月二五日判決)や、自動車学校の閉鎖に伴い解雇された労働者につき新たに開設された学校の取締役が団体交渉の席で原則として全員移ってもらうと発言していたケース(ショウ・コーポレーション〔魚沼中央自動車学校〕事件・東京高裁二〇〇八年一二月二五日判決)などでは、黙示の合意の認定など当事者間の合理的意思解釈により譲渡先企業と労働者間の労働契約の成立が認められ、それらの労働者にも移転の効果が発生するとされている。

休　職

休職とは、労働者に労働させることが適切でない場合に、労働契約を存続させながら労働義務を一時消滅させることをいう。例えば、傷病休職、事故欠勤休職、起訴休職、出向休職、自己都合休職、組合専従休職などがある。休職制度は、一般に労働協約や就業規則などに定められ、それに基づいて使用者が一方的に発令することが多い。

休職期間中の賃金については、就業規則などに規定されていることが多いが、会社側の都合や責任で休職とされている場合には、使用者の責任で働けなかったものとして賃金の支払いを求めることができる（民法五三六条二項）。

傷病休職や事故欠勤休職の場合、休職期間満了の時点で休職事由が消滅していないときには、解雇または自動退職とする旨定められていることがある。しかし、この場合も必ず退職となるわけではない。裁判例では、休職期間満了時に従前の職務を支障なく行える状態にまでは回復していなくとも、相当期間内に治癒することが見込まれ、かつ、当人に適切なより軽い作業が現に存在するときには、使用者は労働者を病気が治癒するまでの間その業務に配置すべきであり、契約の自動終了という効果は発生しないものとされている（エール・フランス事件・東京地裁一九八四年一月二七日判決、キヤノンソフト情報システム事件・大阪地裁二〇〇八年一月二五日判決など）。

近年問題になることが多いのは、メンタルヘルス問題（精神疾患）で休職し、休職期間が満了しても復職できないとして解雇または退職扱いとされた場合に、そもそもその病気（疾患）は会社における過重業務やストレスを原因とした「労働災害」ではなかったかという点である。その認定は個々の事案ごとの事情によるが、それが労働災害にあたる場合には、労災保険制度による充実した保護を受けられる（一五八頁以下参照）だけでなく、解雇に対しても重要な制限がかかる。労働災害で療養するための休業期間およびその後の三〇日間は、労働基準法により原則として解雇が禁止されているのである（六九頁）。したがって、その病気が労働災害で、その療養をするために会社を休んでいるとき（およびその後の三〇日間）は、傷病休職制度を利用して休職しその期間が満了した場合であったとしても、原則として解雇をすることはできないことになる。それが「解雇」ではなく「退職扱い」とされている場合であっても、解雇と同様に無効となると解釈されている（アイフル（旧ライフ）事件・大阪高裁二〇一二年一二月一三日判決など）。傷病休職制度の期間満了で解雇・退職扱いとする場合には、そもそもその病気が労働災害でなかったかを確認することが重要な前提となる。

懲戒処分

企業は、多数の労働者を組織し円滑に企業活動を行っていくために、就業規則に服務規律を定めている。従業員がこの服務規律に違反したときに、制裁罰として懲戒処分を科すことがある。懲戒処分の例としては、軽いものから順に、けん責・戒告、減給、出勤停止、降格、諭旨解雇、懲戒解雇などがある。

懲戒処分を法的に有効に行うためには、まず、就業規則において懲戒の種別および事由(経歴詐称、業務命令違反など懲戒を科す理由)を定めておくことが必要である(フジ興産事件・最高裁二〇〇三年一〇月一〇日判決)。懲戒処分は刑罰と類似した性格をもつため、刑罰に関する罪刑法定主義という法原則にならって、処分にあたって適正な手続を踏むこと(特に本人に対して懲戒事由を告知して弁明の機会を与えること)、同じ事由について繰り返し懲戒処分を行わないこと(一事不再理の原則)、新たに設けた懲戒規定をそれより前の事案に適用しないこと(遡及的制裁の禁止)なども求められる。

また、就業規則に懲戒事由が定められ、形式的にそれに該当する行為があったとしても、実質的に企業の秩序を乱すおそれがない場合には、就業規則規定の趣旨に照らして、懲戒事由は存在しないと解釈されることがある(就業規則規定の限定解釈)。例えば、就業規則に職場内での政治活動を禁止する規定があったとしても、業務を妨げずに平穏な態様で政治ビラを配り、実質的に企業秩序を乱すような状況になかった場合には、懲戒事由としての就業規則違反(禁止された「政治活動」)には該当しないとされる。また、兼業は会社の許可を得てから行うという兼業許可制が就業規則上定められており、この許可を得ずに兼業をしていたとしても、深夜に及ぶ長時間の兼業で本務たる業務に支障が生じたり、競合企業での兼業で会社への背信行為にあたるなどして、会社に実際に支障が生じるおそれがなければ、懲戒事由たる「無許可兼業」には該当しないと解釈されている。

さらに、就業規則の懲戒規定に基づいて懲戒処分が科されたとしても、それが権利の濫用にあたるものであってはならない。ここでは特に、懲戒処分のもとになった労働者の行為の悪性の強さと懲戒処分の重さとを比べて、処分が重すぎないかが判断される(労働契約法一五条参照)。例えば、飲酒運転で逮捕されたことは「会社の名誉信用の毀損」などの懲戒事由に該当しうるが、業務とは無関係の私生活上の行為であり、これ以外に勤務態度等の点でそれまで問題となることがなかったような場合には、これに対し懲戒解雇という最も重い処分を科すことは処分として重すぎ、権利濫用にあたると判断されることがある。他方で、法的に有効な配転命令を拒否することは、懲戒事由たる業務命令違反にあたり、これに対し懲戒解雇処分を科すことも有効であるとされることが多いが、懲戒解雇は性急に過ぎ配慮を欠いていたとして権利の濫用にあたるとした裁判例もある（メレスグリオ事件・東京高裁二〇〇〇年一一月二九日判決）。

日本の人事権の特徴

以上説明してきた人事に関して、日本の特徴といえる点を三点だけ述べておこう。

第一に、日本企業における人事権の大きさである。日本では、就業規則の包括的な規定によって人事に関するさまざまな事項が定められ、それを使用者が具体的に運用して人事上の命令・決定を下すことが多い。その多くは使用者のイニシアチヴで判断・決定されており、その具体的な内容面でも、会社側の辞令一本で家族と離れた単身赴任生活を余儀なくされるなど、労働者個人の利益より会社の都合が優先される傾向が強い。この人事権の大きさ（強さ）は、日本企業における長期雇用慣行の代償ともいえる。いったん正社員として雇用すると解雇という手段で調整することが難しいことの反面として、日本企業は広範な人事権を行使して正社員を企業に帰属させつつ、企業組織の柔軟性や継続性を確保してきたのである。

もっとも、第二に、この人事権の行使に対して法的な制約がないわけではない。本章で説明してきたように、人事権の行使に対しては、契約上の根拠の存在や権利の濫用にあたらないことなどを求める判例法理の発展・展開がみられ、その一部は労働契約法のなかに明文化されている。これによって、企業の人事権についても、ルールの明確化や内容の公正化が促されてきた。そして実際に、裁判所は、人事権の行使のさまざまな場面で、企業の判断・決定を違法としたり無効としたりしてきた。日本の労働法は、欧米諸国のそれに比べ、内容面で全面的に引けをとったり、理論的に遅れているというわけではない(世界から注目されたり尊敬されたりしている点もある)。

第三に、むしろ日本の問題は、このような判例法理等が存在するにもかかわらず、それが労働者や会社(特に中小企業)にきちんと認識されていない点や、裁判所などの法的な紛争解決機関があまり利用されていない点にあるのではないか。大学などで学ぶ「労働法」と実際に企業に入って味わう「現場」とのギャップこそが、日本の労働法の最大の問題といえるのかもしれない。この問題については、労働法の全体的な姿を眺めたうえで、第9章(二一九頁以下)で改めて考えることにしよう。

第４章　労働者の人権はどのようにして守られるのか

労働者の人権と法

私のいまの主な仕事は、学問にある。とはいえ、最近の大学人はけっこう忙しく、私の場合、自分の研究に割ける時間は、働いている時間の二割から三割ぐらいしかない。それでもやはり、自分の本務は学問にある(そうありたい)と思っている。

学問にもいろいろある。例えば、自然科学は自然界における真理を探究すること、経済学は効率性を探究し人びとの豊かさを高めることを目的としている。では、法学の目的は何か。それは正義を探究し実現することにある。では、そもそも正義とは何だろうか。

古代ギリシアの哲学者アリストテレスや現代アメリカの政治哲学者ジョン・ロールズの正義論に象徴されるように、「正義」の核心は「平等」な社会を実現することにあった。現代の憲法においても、最大の価値は基本的人権を尊重することにあるとされ、その中心の一つとして平等権が位置づけられている。

労働法の世界においても、労働者の人権を守ること、なかでも労働者に対する差別を禁止することは、大きな柱の一つとされ、その重要性は近年各国で高まっている。しかし、アメリカとEUと日本では、そのアプローチの仕方や具体的な内容の点で、一定の違いがある。ここでは、各国における対応の違いやその背景も視野に入れながら、雇用差別の禁止を中心に、労働者の人権を保障する法についてみていこう。

1　雇用差別の禁止

アメリカとヨーロッパの雇用差別禁止法

アメリカで労働法といえば、むかしはLabor Law（労働組合関係の労使関係法）であったが、いまはEmployment Law（雇用関係法）が主流で、その内容のほとんどは雇用差別禁止法（Anti-Employment Discrimination Laws）で占められている。アメリカでは、一九六四年の公民権法第七編（Title VII）によって人種、皮膚の色、宗教、性別、出身国を理由とした差別、一九六七年の雇用における年齢差別禁止法（ＡＤＥＡ）によって年齢を理由とする差別、一九九〇年の障害をもつアメリカ人法（ＡＤＡ）によって障害を理由とする差別、二〇〇八年遺伝子情報差別禁止法（ＧＩＮＡ）によって遺伝子情報を理由とする差別が、採用から解雇まで雇用の全局面で禁止されている。

ヨーロッパでは、アメリカより動き出しは遅かったが、ＥＵ市場の拡大に伴って、二〇〇〇年以降、一気に雇用差別禁止法の整備が進められた。ヨーロッパ（現在のＥＵ）では、一九七六年の男女均等待遇原則指令によって性別を理由とする差別、二〇〇〇年人種・出身民族差別禁止指令によって人種・出身民族による差別、同年の均等待遇基本枠組指令によって宗教・信条、障害、年齢、性的指向を理由とする差別を、採用から解雇まで雇用の全局面で禁止するよう加盟国への義務づけがなされ、それに従って各国の国内法が整備されている。

現在のアメリカとヨーロッパの共通の特徴は、人種、出身国（民族）、宗教、性別に、年齢と障害も加えた、雇用差別禁止法制が整備されていることである。アメリカではこれに遺伝子情報、ヨーロッパでは性的指向が、差別禁止事由に加えられている。

ただし、アメリカとヨーロッパとの間に、大きな違いもある。ヨーロッパでは、一九九七年にパートタイム労働者、一九九九年に期間の定めのある労働者、二〇〇八年に派遣労働者に対する不利益取扱いを禁止した指令がそれぞれ採択されている。これに対し、アメリカでは、このような雇用形態を理由とした処遇の違いを規制する法律は定められていない。この点は、次に述べる、雇用差別禁止に対する考え方や背景の違いによるものである。

なぜ、差別は禁止されなければならないのか

なぜ、雇用差別は禁止されなければならないのか。その根底には「個人の尊厳」という法の理念がある。すなわち、①自分の意思や努力で変えることができないいわゆる「不可変の属性」を理由として差別されることや、②自分で変えることができるとしても、その選択自体が信教の自由、選挙権の行使、プライバシー権など人間としての「基本的な自由・権利」にかかわるような選択を理由として差別されることは、「個人の尊厳」という法の理念に反するものとして許されないと考えられているのである。アメリカとヨーロッパで共通して禁止の対象とされている差別は、①と②のいずれかに該当するものである。

これに加えて、ヨーロッパでは、パートタイム労働など雇用形態を理由とする不利益取扱いも禁止の対象とされている。ヨーロッパでは、パートタイム労働者に対する低賃金など雇用形態を理由とした異なる取扱いは隠れた差別にあたるという認識がある。例えば、パートタイム労働者には女性が多く、これを容認すると女性への差別が残存することになりかねないとの懸

念があるのである。また近年では、ＥＵ市場が拡大するなか、労働者という人間をコスト削減の対象（競争激化の犠牲）とするのではなく、高い付加価値を生み出す源泉として位置づける高付加価値競争戦略がとられており、この基本戦略の一環として、非典型的な雇用形態をコスト削減の対象としないという法原則が打ち立てられたという背景がある。

これに対し、アメリカでは、短時間労働、有期契約労働、派遣労働という雇用形態は、当事者が自分で選択できる契約条件にすぎず、契約自由の原則が妥当する、つまり、法は介入しないという態度が現在でも維持されている。その背景には、アメリカでは、一般のフルタイム・無期・直接雇用労働者でも解雇自由原則のもとに置かれ、非正規労働者と異なる安定的な保護を享受しているわけではない（そもそも一般労働者と非正規労働者の間に法的保護の格差があるわけではない）という事情があることには注意が必要である。

日本の雇用差別禁止法の現状と課題

これに対し、日本では、雇用差別を包括的に禁止する立法は存在していない。雇用差別を明示的に禁止する規定としては、次のような個別の法律規定、立法が存在するのみである。

まず、一九四七年に制定された労働基準法は、国籍、信条、社会的身分を理由とする労働条件差別を禁止し(三条)、性別を理由とする差別については賃金差別のみを禁止した(四条)。性差別について全面的な禁止がなされなかった理由は、労働基準法自身が時間外労働や深夜労働などについて女性を特別に保護する規定を多数定めていた(旧六四条の二以下)ため、全面的に差別を禁止することは首尾一貫しないと考えられたからである。

その後、約四〇年を経て、一九八五年に、国連女性差別撤廃条約批准のための国内法整備の一環として、賃金以外の局面での男女間の機会均等を定めた男女雇用機会均等法が制定された。同法は、制定当初は、当時の実態との乖離を考慮して、法的拘束力のない努力義務規定を中心としたソフトな法律として生まれたが、その後二度の大きな改正を経て、現在では、男女間の雇用差別を法的拘束力をもって広く禁止する法律となっている。

二〇〇七年には雇用対策法が改正され、労働者の募集・採用の際に年齢条件を付けることを原則として禁止する規定(一〇条)が定められた(同法は現在は労働施策総合推進法と改称されている)。

二〇一三年の障害者雇用促進法改正では、障害者であることを理由とする雇用差別の禁止(三四条、三五条)、障害の特性に配慮した必要な措置(合理的配慮)を講じる事業主の義務(三六条の二、三六条の三)を定める規定が設けられた。

二〇一五年には、女性活躍推進法が制定された。この法律は、女性の職業生活における活躍を推進するために、事業主に、女性の活躍の状況の把握・分析を踏まえた「事業主行動計画」の策定・公表、女性の活躍に関する情報の公表を義務づけ、優れた取組みを行う事業主に対し国が「えるぼし」認定を行うことなどを定めたものである。

さらに、二〇一八年の働き方改革関連法では、正規・非正規労働者間の待遇格差の是正を図る法改正が行われた。パートタイム労働法（一九九三年制定）の規制対象に有期雇用労働者も含める形でパートタイム・有期雇用労働法が制定され、不合理な待遇の禁止（八条）、差別的取扱いの禁止（九条）、待遇の相違の内容と理由についての事業主の説明義務（一四条二項）などが定められた。派遣労働者については労働者派遣法が改正され、パートタイム・有期雇用労働法と同様の規定が定められた。

これらのほか、労働組合員に対する不利益取扱いを禁止する規定として、労働組合法七条一号がある。

これらの法律からなる日本の雇用差別禁止法は、欧米諸国のそれと比較すると、法律が散発的で体系性に欠けるという特徴がある。今後の日本の政策課題としては、①年齢や性的指向なども含めた包括的な雇用差別禁止法制の整備を図ること、②雇用差別の主張・立証責任のあり方を法律上明確化するなど雇用差別問題を実効的に解決していくための法的基盤を整えることが重要である。以下、現行法の内容について、簡単にみておこう。

国籍・信条・社会的身分による労働条件差別の禁止——労働基準法三条

労働基準法三条は、使用者が労働者の国籍、信条、社会的身分を理由として労働条件について差別的取扱いをすることを禁止している。「信条」には宗教的、政治的な信念のほか、思想的な信念も含まれる。「社会的身分」については、本条の沿革からすれば、出身地、門地、人種、非嫡出子などの生来的な地位を指し、孤児、受刑者、パートタイム労働者など後発的な理由による地位は含まれないものと考えられる。

最高裁判所は、採用段階での差別にはこの条文は適用されないと解釈しているが、いったん採用が決定されれば、その後はこれらの事由による労働条件差別は一切許されないことになる。採用した後、マルクス主義者だからとか、〇〇教を信奉しているからという理由で差別することは、本条違反となる。

男女差別の禁止——労働基準法四条、男女雇用機会均等法

労働基準法四条は、使用者に対し、労働者が女性であることを理由とした賃金差別をすることを禁止している。前にみたように、本条は、「賃金差別」のみを禁止しており、採用、配置、昇進、教育訓練など、賃金以外の差別については、本条が禁止するところではない。また、本条は、「女性であることを理由とし(た)」差別のみを禁止している。したがって、性別以外の理由で賃金に差をつけること、例えば、年齢給・勤続給、扶養家族の有無による家族手当、職務の内容や責任の違いによる基本給の差などは、本条違反とはならない。ただし、性別以外の基準が定められていたとしても、実際には、女性差別の意図で女性差別的に運用されていた場合には、女性差別として本条違反が成立しうる。例えば、「住民票上世帯主とされている者」に家族手当を支払うとの取扱いが定められていたが、実際には、男性には「世帯主」か否かを問わず手当を支給していたというような場合である。労働基準法四条は、このように男女間の賃金差別を禁止するものであるが、賃金以外の男女差別については、男女雇用機会均等法がこれを禁止する規定を定めている。

男女雇用機会均等法は、労働者の募集・採用(五条)、労働者の配置・昇進・降格、福利厚生、職種・雇用形態の変更、退職・解雇・契約更新など(六条)について、性別を理由とした差別を禁止している。これらは、性別を理由とした差別(「直接差別」と呼ばれる)を広く禁止したものである。

同法はこれに加えて、性別以外を理由とする措置についても、実質的に性別を理由とする差別となるおそれがあるもの(「間接差別」と呼ばれる)については、合理的な理由がない限り、これを禁止する旨の規定を定めている(七条)。この間接差別の禁止は、二〇〇六年改正により定められたものであるが、当面は、①募集・採用において身長・体重・体力要件をつけること、②募集・採用、昇進、職種の変更において転居を伴う転勤要件をつけること、③昇進において転勤経験要件をつけることの三つをその対象とするものとされている。今後の法改正においては、家族手当の支給に世帯主要件をつけることなどを間接差別禁止の対象に入れるか、さらには「間接差別」の範囲を限定することなく欧米諸国と同じように広く使用者の措置一般に対象を広げるかといった点が検討課題となろう。

男女雇用機会均等法は、さらに、女性労働者について、①婚姻、妊娠、出産を退職理由とする定め、②婚姻を理由とする解雇、③妊娠、出産、産前産後休業の請求・取得などを理由とした解雇等の不利益取扱い、④妊娠中および出産後一年以内の解雇を禁止している(九条)。妊娠した労働者が労働基準法上の権利である妊娠中の軽易業務への転換(労働基準法六五条)を申し出て軽い業務に異動した際に管理職から降格され、産休・育休後に従前の業務に復帰しても管理職に戻れなかったという事案において、降格をめぐる事業主の説明が不十分で、労働者が自由意思に基づいて降格を承諾したとする客観的に合理的な理由がないとして、この降格措置を男女雇用機会均等法九条三項(③)違反にあたるとした判例がある(広島中央保健生協〔C生協病院〕事件・最高裁二〇一四年一〇月二三日判決)。

障害者差別の禁止――障害者雇用促進法

障害者雇用促進法は、雇用の分野における障害者差別を禁止するとともに、事業主に一定比率以上の障害者を雇用する法定雇用率制度を定めている。

障害者差別の禁止として、同法は、労働者の募集・採用について障害者に障害者でない者と均等な機会を与えること(三四条)、賃金、教育訓練、福利厚生施設の利用などの待遇について障害者であることを理由として不当な差別的取扱いをしないこと(三五条)を、事業主に義務づけている。例えば、障害者であることを理由として採用を拒否すること、低い賃金を設定すること、研修を受けさせないことなどが、ここで禁止された差別に該当しうる。同法は、これに加え、労働者の募集・採用、および、雇用した障害者について、障害の特性に配慮した必要な措置(合理的配慮)を講じることを、事業主に義務づけている(三六条の二、三六条の三)。募集・

採用にあたって採用試験の問題用紙を点訳・音訳すること、車いす利用者に合わせて机や作業台の高さを調整すること、知的障害者に合わせて分かりやすい文書・絵図を用いて説明することなどが、その例としてあげられる。ただし、事業主に対して過重な負担を及ぼすときはこれらの措置を講じる義務を負わない(三六条の二ただし書、三六条の三ただし書)。

法定雇用率制度とは、一定比率以上の障害者の雇用を義務づけ(三七条、四三条以下)、それを達成していない事業主から、未達成一人につき月五万円の障害者雇用納付金を徴収する制度である(五三条以下)。この制度により、障害者の雇用が障害者でない者と同程度以上に促されることが期待されている。

正規・非正規労働者間の待遇格差の禁止――パートタイム・有期雇用労働法、労働者派遣法

パートタイム労働者については一九九三年にその雇用管理の改善等を図るパートタイム労働法が制定され、有期雇用労働者については二〇一二年に改正された労働契約法によって無期労働契約への転換(七二頁)や不合理な労働条件の禁止(二〇条)が定められていた。二〇一八年の働き方改革関連法は、このパートタイム労働法と労働契約法二〇条を統合し再整備する形でパートタイム・有期雇用労働法を制定すると同時に、労働者派遣法を改正し、パートタイム労働

者、有期雇用労働者、派遣労働者について、正社員との待遇格差の是正を図ることとした。

パートタイム・有期雇用労働法が定める最も重要なポイントは、パートタイム労働者および有期雇用労働者の基本給、賞与などすべての待遇のそれぞれについて、その待遇の性質・目的に照らして、正社員の待遇と不合理な違いを設けることを禁止した点である（八条）。例えば、職業経験・能力に応じて支給される基本給（職能給）についてはその職業経験・能力に応じた支給、会社業績への貢献に応じて支給される賞与については会社業績への貢献に応じた支給、通勤費を補償するために支給されている通勤手当については正社員と同様の支給をすることなど、すべての待遇について正社員と均等または均衡のとれた取扱いをすることが求められている（二〇一八年一二月二八日の「同一労働同一賃金ガイドライン」参照）。正社員との間で待遇の違いがある場合には、パートタイム・有期雇用労働者の求めに応じて、待遇の違いの内容と理由を説明する義務が会社（事業主）に課されている（一四条二項）。また、正社員と職務内容が同じで、雇用の全期間において職務内容・配置の変更範囲も同じであると見込まれるパートタイム・有期雇用労働者については、すべての待遇について、パートタイム・有期雇用労働者であることを理由とする差別的取扱いをすることが禁止されている（九条）。

派遣労働者についても、労働者派遣法によって、同様に、派遣先の正社員との不合理な待遇の相違の禁止（同条二項）、待遇の相違の内容と理由についての会社（派遣会社）の説明義務（三一条の二第四項）が定められている。ただし、不合理な待遇の違いの禁止については、派遣会社が、同種業務の正社員の平均的な賃金額として厚生労働省令で定める額以上を支給することなどを定めた労使協定を締結し、それを実際に遵守・実施している場合には、それによること（例外としての「労使協定方式」）を認めた（三〇条の四）。これは、正社員の賃金が低い派遣先に派遣されることで派遣労働者の賃金も下がり、派遣労働者の継続的なキャリア形成が阻害されてしまうことを回避できるようにするために設けられた例外である。

働き方改革関連法による法改正の前の規定（労働契約法二〇条）に関する判例であるが、有期雇用労働者と正社員との間の待遇の違いの不合理性を個別に判断し、皆勤手当、無事故手当、作業手当、給食手当、通勤手当の違いについて不合理な違いであるとして、有期雇用労働者からの会社に対する損害賠償請求を認めたもの（ハマキョウレックス〔差戻審〕事件・最高裁二〇一八年六月一日判決）などがある。

2　労働憲章

雇用関係における労働者と使用者の間の力の不均衡は、使用者による不当な人身拘束や仲介者による中間搾取など、労働者の人権が侵害される事態を生んできた。労働基準法はこれらの事態を除去するために、次のような規定を定めている。労働憲章とは、労働基準法第一章・第二章に定められた労働者の人権保障のための諸規定の総称である。

不当な人身拘束の禁止

使用者は、暴行・脅迫・監禁その他精神または身体の自由を不当に拘束する手段によって、労働者の意思に反して労働を強制してはならない（労働基準法五条）。これは、宿舎の出入口に鍵をかけ強制的に重労働を課す「タコ部屋労働」などの悪習を排除しようとした規定であり、労働基準法のなかで最も重い罰則（一年以上一〇年以下の懲役または二〇万円以上三〇〇万円以下の罰金）が定められている（一一七条）。

期間の定めのある労働契約が締結された場合、その期間中はやむを得ない事由がなければ使用者も労働者も契約を解約することができない（民法六二八条）。となると、契約期間が長く設定された場合、労働者は長期間にわたり使用者との関係に縛られるおそれが出てくる。そこで労働基準法は、期間の定めのある労働契約によって労働者が長期間拘束されることを防ぐ目的で、三年を超える期間を定めることを原則として禁止している。ただし、例外として、①一定の事業の完了に必要な期間を定める場合にはその期間、②高度な専門知識・技術・経験を有する労働者と満六〇歳以上の労働者については三年を超え五年以内の期間を定めることが認められている（一四条一項）。

このほか、労働基準法は、労働者が辞めないように使用者が不当な拘束をかけることを防止するために、契約不履行についての違約金や損害賠償額の予定を定めること（看護師のお礼奉公など）、前借金と賃金を相殺すること（親の借金を子どもが働いて返す芸娼妓契約など）、労働契約に付随して貯蓄の契約や貯蓄金を管理する契約をすること（強制貯金）などを禁止している（一六条、一七条、一八条一項）。

中間搾取の排除

何人《なんぴと》も、法律に基づいて許されている場合のほかは、業として他人の就業に介入して利益を得てはならない（労働基準法六条）。口入屋《くちいれや》や募集人と呼ばれる仲介者が中間搾取（ピンハネ）を行う悪習を排除する目的で定められた規定である。

職業安定法は、この規定の例外として、他人の就業に仲介する事業（有料職業紹介事業、労働者供給事業など）を一定の規制・要件のもとで許容している（一九〇頁以下参照）。

公民権の保障

使用者は、労働者が労働時間中に選挙権など公民としての権利を行使し、または、公の職務を執行するために必要な時間を請求した場合には、これを拒んではならない。ただし、公民権の行使や公職の執行に妨げがない限り、労働者が求めた時刻を変更することはできる（労働基準法七条）。労働者が市民として公的な活動を行うこと、例えば、選挙の投票にいくこと、国会議員・地方議会議員等として活動すること、裁判員や裁判の証人として裁判所にいくことなどを保障する目的で定められた規定である。会社の承認を得ないで公職（市会議員）に就任したことを理由とする懲戒解雇は、本条の趣旨に反し無効であるとした判例もある（十和田観光電鉄事件・最高裁一九六三年六月二一日判決）。

れる。

3　人格的利益・プライバシーの保護

いじめ・嫌がらせからの保護

セクハラ、パワハラなど職場におけるいじめや嫌がらせが、日本でも社会問題となっている。特に、企業が閉鎖的な共同体社会という性格をもっているとき、この問題はより深刻な形で現れる。

ハラスメントには、セクハラ、マタハラ、パワハラ、アカハラなどさまざまな名称・態様のものがある。法律上は、会社(事業主)に、性的な言動によるハラスメント(男女雇用機会均等法一一条)、妊娠、出産、育児休業・介護休業等の取得を理由とするハラスメント(育児介護休業法二五条、男女雇用機会均等法一一条の二、労働者派遣法四七条の二・四七条の三)、職場の優越的関係に基づく言動によるハラスメント(労働施策総合推進法三〇条の二)を防止するために必要な措置をとることが義務づけられている。もっとも、これらの法律規定は、労働者が権利として裁判所で実現できる性質のものではなく、国が会社に対して義務づける行政取締的な性質をもつものと考えられている。被害者(労働者)が裁判所で加害者や会社を相手に争う場合に問題となるのは、①被害者の人格的利益、具体的には「働きやすい職場環境で働く利益」を侵害する不法行為（民法七〇九条）にあたるか、②会社（使用者）が労働者に対して信義則上負っている職場環境配慮義務、すなわち、働きやすい良好な職場環境を維持する義務に反する点はなかったか、という点である。

加害者のいじめ・嫌がらせ行為が、被害者の働きやすい職場環境で働く利益を侵害する不法行為にあたる（①）と判断されれば、被害者は加害者に対して損害賠償の支払いを求めることができる。例えば、セクハラでは、上司たる地位を利用して性的関係を迫る、相手の意に反して身体を触る、異性関係について噂を流し職場に居づらくするなどの行為がそれにあたる。また、パワハラでは、上司が部下に暴行をはたらいたり暴言を吐く、上司が部下に名誉感情を傷つけるような侮辱的なメールを送る、上司が感情的になって大きな声で部下を叱責するなどの行為がそれにあたりうる。その言動が業務上の指導にかかわる場合には、業務上の必要性に基づくものであったか、業務上の必要性に基づくものであったとしても相手方の人格に配慮しそれを必要以上に抑圧するものでなかったかという観点から、違法な言動かどうかが判断される。同僚や部下がいじめ・嫌がらせにあたる言動を繰り返すことも、同様に不法行為となりうる。

また、このようないじめ・嫌がらせ行為の発生について、会社が十分な予防措置を講じていなかった場合には、被害者は会社に対し、職場環境配慮義務違反の債務不履行(民法四一五条)があった(2)として、損害賠償の支払いを求めることもできる。例えば、セクハラでは、会社がセクハラ行為の発生を予見できたにもかかわらず、十分な予防措置をとらなかった場合や、加害者である上司らからの報告のみで判断して十分な調査をせず、被害者を加害者のもとで引き続き勤務させていた場合などがそれにあたる。また、パワハラ等では、上司がいじめ・嫌がらせにあたる言動を繰り返していた場合、許容範囲を超える執拗な退職勧奨や嫌がらせにより退職を強要した場合、上司や同僚による執拗・悪質ないじめ・嫌がらせにより被害者が自殺するに至った場合などで、会社の責任が肯定されている。

プライバシーの保護

会社が業務を遂行するうえでは、会社側の業務上の必要性と労働者側のプライバシー(広い意味では人格的利益)がぶつかりあうことがある。特に近年、労働者の人格権保護の要請が社会的に高まっており、職場内でのプライバシー保護をめぐる紛争が増加している。この問題をめぐっては、裁判例上、一般に次の二つの点を基軸として法的な判断がなされている。

第一に、会社が業務を遂行するうえで、労働者のプライバシー(人格的利益)を侵害する行為があった場合には、会社は労働者に対して不法行為(民法七〇九条)を行った者として損害賠償を支払う義務を負う。例えば、会社が労働者の思想調査のために監視・尾行を行うこと、労働者が会社とは無関係に個人的に賃借している住宅を家主に明け渡すよう会社が強要すること、業務用携帯電話を接続したナビシステムを利用して勤務時間外に従業員の居場所を確認すること、特段の必要性もないのに会社が労働者に対しＨＩＶ抗体検査やＢ型肝炎ウイルス感染検査を行うことは、労働者のプライバシーを侵害する違法な行為にあたるとされている。また、労働者を退職に追い込むための嫌がらせ的な配転、執拗な退職勧奨、法令違反の申告・正当な組合活動・退職勧奨の拒否など労働者の正当な権利の主張・行使に対する報復的な業務命令(他の従業員からの隔離、無意味な作業の命令など)といったみせしめ・嫌がらせ的な人事措置は、不法行為や権利の濫用(民法一条三項)として違法・無効とされる。

ただし、第二に、会社側の業務上の必要性と労働者側の不利益の大きさとを比較衡量して前者の方が大きい場合には、使用者の行為は社会的に相当であり違法性のない行為とされ、使用者の責任が免除されることがある。例えば、会社が従業員の電子メールの監視を行うことについては、私的利用の程度、監視の目的・手段・態様などを総合的に考慮して、社会通念上相当な範囲を逸脱していない場合には、プライバシー侵害にはならないとされている。また、従業員が金品を隠匿しないようにするために行われるポケットや靴などの所持品検査については、合理的な理由に基づいて一般的に妥当な方法と程度で実施される場合には、違法とはいえないとされている。

4 内部告発の保護

公益通報者保護法

近年、企業の不祥事が従業員の内部告発によって明らかになるという事態がしばしば生じている。従業員の内部告発行為は、企業のコンプライアンス(法令遵守)を高め、ひいては公共の利益につながるという側面をもつ。しかし、これは同時に、企業の名誉・信用を損なう行為として懲戒処分等の対象となりうるという側面ももつため、内部告発をした労働者をいかに保護するかが重要な課題となる。

このような観点から、二〇〇四年に公益通報者保護法が制定された。この法律は、会社で犯罪事実が発生しまたは発生しようとしていることを、同法が定める方法で「公益通報」した労働者に対して、そのことを理由として、会社(事業者)が解雇などの不利益取扱いをすることを禁止するものである（三条、五条）。

内部告発に対する従来からの保護

なお、公益通報者保護法が適用される「公益通報」に該当しない場合でも、内部告発行為に対する懲戒処分について従来から展開されてきた裁判例上の保護は及びうる。すなわち、①告発内容が真実であり、または真実と信ずべき相当な理由があるか（事実の真実性）、②告発の目的が公益性を有するか（目的の公益性）、③告発の手段・態様が相当なものであったか（手段・態様の相当性）などを総合的に考慮して、その内部告発が正当と認められる場合には、かりに会社の名誉・信用が毀損されたとしても、その労働者に懲戒処分を科すことはできないと解されている。

5　労働者の人権保障の意味

企業共同体のなかの個人

日本企業の多くは、その歴史的経緯からも、また社会実態としても、正社員の長期雇用慣行を中心とする企業共同体としての性格を相対的に強くもってきた。この企業共同体という性格は、一方で、①その内部の構成員に人間的なつながりや社会的な拠り所を与え、②その組織がまとまって動くことにより外部環境の変化にも柔軟に対応できるという長所をもちうる。しかし他方で、そこには、①人間関係の重視という共同体の論理によって個人が個人として尊重されない危険性がある。例えば、非正社員等が外部者として排除され、内部者である正社員も自分の自由な意見を言いにくい傾向がその典型であろう。また、②その組織が閉鎖的になり、進むべき方向性自体を見誤ってしまうという問題も内包されている。例えば、視点が内向きになって内部で腐敗が生じたり、組織内の慣行が重視され過去に例がないような大きな変化にダイナミックに対応できないという弊害がたびたび指摘されてきた。

このような実態のなか、日本企業では、旧来、労働者個人の人権や、それを通じた組織の透明性や開放性という視点は、それほど強く意識されてこなかった。しかし、そのような実態であるからこそ、労働者の人権保障という視点が規範的にはより重要であるといえる。本章で述べた労働者の人権保障に向けた現在の動きは、このような方向に向けた改革の端緒とみることもできる。しかしなお、法的な課題は山積している。

この本の最後(二三三頁以下)で述べる点をすこしだけ先回りしてみておくと、日本の労働法の大きな課題は、より開かれた形で労働者に集団性・連帯性を付与することと、労働者個人の人権を尊重することの二点にあると思う。しかし、「集団性」と「個人の尊重」とは相互に矛盾しあう性格ももっている。この両者を両立させながら実現していくことこそ、学問としての日本の労働法学の大きな使命であり、日本の労使関係にかかわるすべての人たちにとっての課題である。

第５章　賃金、労働時間、健康はどのようにして守られているのか

労働条件の内容と法

大学の教員の給料は、世間で思われているほどよくはない（特に国立大学法人では）。そもそも研究者の道を選んだときに、お金よりもやりがいを選んだ。お金も大切だけれど、お金では買えないもの（プライスレス！）を大切にしたいと思った。そして、実際に研究を行っていくうえでは、お金や権力からある程度距離をおくことが大切になる。研究者の研究者たるゆえんは、お金や権力から離れて、自らの信念と見識に基づいて真理や正義を探究することにあるからである。

しかし、結婚したり、子どもが生まれたり、家を買ったりすると、そうばかりはいってられなくなる。お金とか時間とか身体も大切になってきて、自分の信念だけでは生きられなくなる。働いてお金を稼ぎながら、家族との時間を作ったり、健康に気を遣ったりするようになる。やっぱりサルトルみたいにはなかなか生きられない。

私も、労働基準法とか就業規則の適用を受けながら働いている。働いている人の賃金、労働時間、健康は、労働法によってどのように守られているのだろうか。

1 賃金

月給・日給・時給などの基本給、諸手当、賞与、退職金などの賃金は、合意(契約)によって発生する。これらの賃金をどのようなものとするか、いくらにするかは、基本的に当事者の合意によって自由に決められるものである。例えば、賃金を月給で支払うか日給や時給で支払うか、賞与や退職金を支払うかどうかは、契約によって自由に決められるのである。

しかし、当事者に完全に委ねておくと、労働者の弱みにつけこんで賃金が買い叩かれたり、賃金が安定的に支払われずに生活が不安定になったりする。そこで、最低賃金法や労働基準法などの法律で、賃金の額や支払いについて一定の保護・規制が定められている。

賃金をめぐる法的問題のポイントは、①賃金はどのような根拠によって発生するのか、②有効に発生した賃金に対してどのような法規制がかけられているのかの二点にある。

賃金の発生根拠

賃金の支払いを法的に求めることができる根拠は、当事者間の合意にある。一般には、就業規則に賃金に関する定めがあったり、個別に取り交わされる労働契約書に賃金についての記載があったりすることが多く、それに基づいて賃金請求権が発生する。そのほかにも、労働協約、当事者間の黙示の合意など、労働契約上の権利義務の根拠となるすべての法源(三九頁以下参照)によって賃金は発生しうる。例えば、毎回同じ方法によって長期間にわたり賞与が算定され支給されてきた場合や、求人票に「退職金有り」との記載があった場合に、明示・黙示の合意の認定といった労働契約の意思解釈によって、賞与や退職金を請求する権利が認められている。

逆に、労働協約をみても、就業規則をみても、労働契約の定めや解釈によっても、賃金を根拠づけるものがみつからない場合には、たとえ指揮命令を受けて働いたとしても、賃金請求権はないことになる。例えば、賃金支払いについての取決めや共通の認識なく行われたボランティアでは、指揮命令を受けながら働いたとしても、賃金の支払いを求めることはできないことになる。

賃金請求権については、さらに次のようないくつかの具体的な問題が生じうる。

働けなかった場合、賃金はどうなるか

賃金請求権について根拠があったとしても、労働者が働けなくなった場合、賃金はどうなるか。この点については、基本的には、働けなくなったことについて会社(使用者)側に責任がある場合には労働者はそのまま賃金の支払いを求めることができ、会社側に責任がない場合には労働者は賃金を請求することができないとされている(民法五三六条二項)。

例えば、違法な解雇によって働けなくなった場合や、会社側の過失で工場が火事になり働けなくなった場合には、会社側に責任がある就労不能として、労働者は賃金の支払いをそのまま求めることができる。逆に、労働者の責任や地震・台風などの不可抗力によって働けなくなった場合には、他に賃金請求権を基礎づける根拠がない限り、賃金の支払いを求めることはできない。

賞与や退職金は、そもそもどういう性格のものか

賞与や退職金についてはどうであろうか。これらについては、就業規則などで条件がつけら

れていることが少なくない。例えば、賞与に「支給日に在籍している者に対し支給する」という条件がつけられたり、退職金に「懲戒解雇された者およびそれに準ずる重大な非違行為をした者には支払わない」という条件がつけられている場合である。

これらの場合、まず、このような条件をつけることが有効か（就業規則規定として合理的か）が問題となる。この点は、賞与や退職金の趣旨に照らして判断される。例えば、賞与や退職金が賃金の一部を別立てにして後でまとめて支払うという「賃金後払い」的な性格をもつ場合には、支給日に在籍しないとか、後で悪いことをしたという理由でそれを取り上げることは合理的でないといえそうだが、これからもがんばって働きましょうという「勤労奨励」的な性格やこれまでの功労に報いるために支払うという「功労報償」的な性格をもつ場合には、もう在籍していない人や、悪いことをして功労に傷をつけた人に支払わないことも合理的といえそうである。これまでの裁判例の多くは、賞与の勤労奨励的性格や退職金の功労報償的性格を踏まえて、これらの不支給規定を合理的であると判断している。

もっとも、これらの不支給規定が合理的であるとしても、それはつねに字句通りに適用されるわけではなく、その趣旨に照らして限定的に解釈・適用されることがある。例えば、功労報償的性格をもつ退職金について、過去の功労に傷をつけるような非行や規則違反行為があったとしても、ただちに全額不支給とすることが許されるわけではなく、その行為の悪性の度合い（功労に傷をつけた程度）などに照らして、退職金の全額支払いや部分的な支払いが命じられることがある。例えば、痴漢行為で有罪判決を受け懲戒解雇された鉄道会社の従業員に対しても、退職金の三割を支給すべきであるとした裁判例がある（小田急電鉄事件・東京高裁二〇〇三年一二月一一日判決）。

賃金引下げの適法性について

高度経済成長期には、賃金は毎年上がっていくものだと考えられていた。しかし近年では、景気が低迷したり、成果主義賃金が導入されたりするなかで、賃金が引き下げられ、その適法性が問題となることも多い。ここで法的に重要なポイントとなるのは、賃金も就業規則や労働契約など契約によって決められているものである以上、これを変更しようとする場合には契約上の根拠がいることである。

例えば、会社が労働者の賃金を集団的に引き下げようとする場合には、就業規則規定を合理的に変更しそれを労働者に周知する（労働契約法一〇条）などの方法で、賃金を引き下げるための契約上の根拠を整えることが必要になる。この就業規則変更の有効性が裁判所で争われた場合には、賃金を引き下げる経営上の必要性、賃金引下げによる労働者の不利益、賃金引下げに至る過程での労使交渉の公正さなどが考慮され、就業規則変更の合理性が判断されることになる（四八頁以下参照）。

また、ある労働者の賃金を個別に引き下げようとする場合には、就業規則の規定（減給の根拠規定）や労働契約上の合意（本人の同意）など契約上の根拠が必要であり、かつ、その減給措置がその労働者に著しい不利益を与えるなど権利の濫用にあたるような特段の事情がないこと（強行法規違反の不存在）が求められる（八四頁以下参照）。かりに会社側が賃金の減額を決定し、労働者が減額された賃金を特段の異議を述べずに受け取っていたとしても、労働者が真意によらずに受取りを余儀なくされていた可能性もあるため、本人の同意（黙示の合意）があったかどうかの認定は慎重に行われる。また、賃金引下げを提案する会社の書面に労働者が個別に署名押印していたとしても、労働者が自由意思に基づいて同意したと認められる合理的な理由が存在するか否か等を考慮して、判例は、労働者の同意の存在を容易には認めない傾向にある（五一頁以下）。さらに、本人の同意が存在するなど契約上の根拠があると認められる場合であったとしても、賃金引下げの動機が労働者への報復・嫌がらせなど不当なものであったり、賃金引下げの幅が大きすぎて労働者に不相当な不利益を与えるような場合には、賃金引下げは権利濫用として無効とされる。

賃金に対する法規制

最低賃金法や労働基準法などの法律は、契約上有効に発生している賃金について、その額や支払方法などの面で、次に述べるような規制を定め、労働者の地位や生活の安定を図っている。これらの法律によって保護の対象とされる賃金とは、その名称を問わず、労働の対償として使用者が労働者に支払うすべてのものをいうとされており(労働基準法一一条など)、基本給、諸手当、賞与、退職金などのほとんどが、そこに含まれるものと考えられている。

最低賃金法は、賃金が低くなりすぎることや、企業間で不公正な競争が行われることを避けるため、賃金の最低額を設定することを定めている。この最低賃金には、都道府県ごとの地域別最低賃金(九条以下)と、特定の産業ごとに地域別最低賃金を上回る最低賃金を定める特定産業別最低賃金(一五条以下)の二種類のものがある。前者の地域別最低賃金(時間額)については、例えば二〇一九年四月時点では、最も高いのは東京都の九八五円、最も低いのは鹿児島県の七六一円(全国加重平均は八七四円)となっている。これを下回る賃金を定めた場合、賃金額は最低賃金の額に修正され(四条二項)、使用者には罰金刑が科される(四〇条)。二〇一六年六月に閣議決定されたニッポン一億総活躍プランでは、年率三％程度を目途として最低賃金を引き上げ、全国加重平均が一〇〇〇円となることを目指すとされている。

労働基準法は、会社（使用者）に賃金を確実に支払わせ、労働者の経済生活の安定を図るために、賃金の支払方法について、①通貨で、②労働者に直接、③賃金の全額を、④毎月一回以上一定の期日を定めて支払わなければならないという四原則を定めている（二四条）。このなかで、賃金全額払い原則③については、会社が労働者に対してもっている請求権と賃金とを相殺することを禁止する趣旨も含むとされており、例えば、会社が労働者に賃金から損害賠償金を差し引くとして賃金を減額することは、原則として許されないとされている。ただし、労働者による賃金の放棄や、会社が労働者に対してもっている請求権（過払金や貸金の返還請求権など）と賃金との相殺について、最高裁判所は、労働者の自由意思に基づくものと認められる合理的な理由が客観的に存在する場合には、例外として賃金全額払い原則に違反しないとしている（日新製鋼事件・最高裁一九九〇年一一月二六日判決など）。

このほか、労働基準法は、労働者の出産・疾病・災害など非常時の費用にあてるための支払期日前の賃金の支払い（二五条）、会社（使用者）の責任による休業時の休業手当（平均賃金の六割）の支払い（二六条）、出来高払い制がとられているときの一定額の賃金保障（二七条）も定めている。

賃金支払確保法は、企業経営が不安定になった場合にも賃金の適正な支払いが確保されるように、政府が未払賃金の立替払いをする制度などを定めている。例えば、事業主が法律上倒産した場合や、中小企業の事業活動が停止して再開の見込みがなく、支払能力がないことが労働基準監督署長により認定された場合、政府が、退職労働者の請求に基づき、未払賃金の一定部分を立替払いするものとされている(七条)。

2 労働時間

労働時間は、賃金と並んで労働者にとって最も重要な労働条件の一つである。長時間労働は、労働者の健康を害するとともに、労働者の精神的なゆとりを損なうものとなりうる。とりわけ、日本ではこの点が深刻な問題となっている。また、アメリカやヨーロッパ諸国では、長時間労働は雇用創出(ワークシェアリング)という政策的要請に反するという点も重視されている。このような点を考慮して、多くの国では法定労働時間が定められ、これを超える労働に対してさまざまな法規制が加えられている。

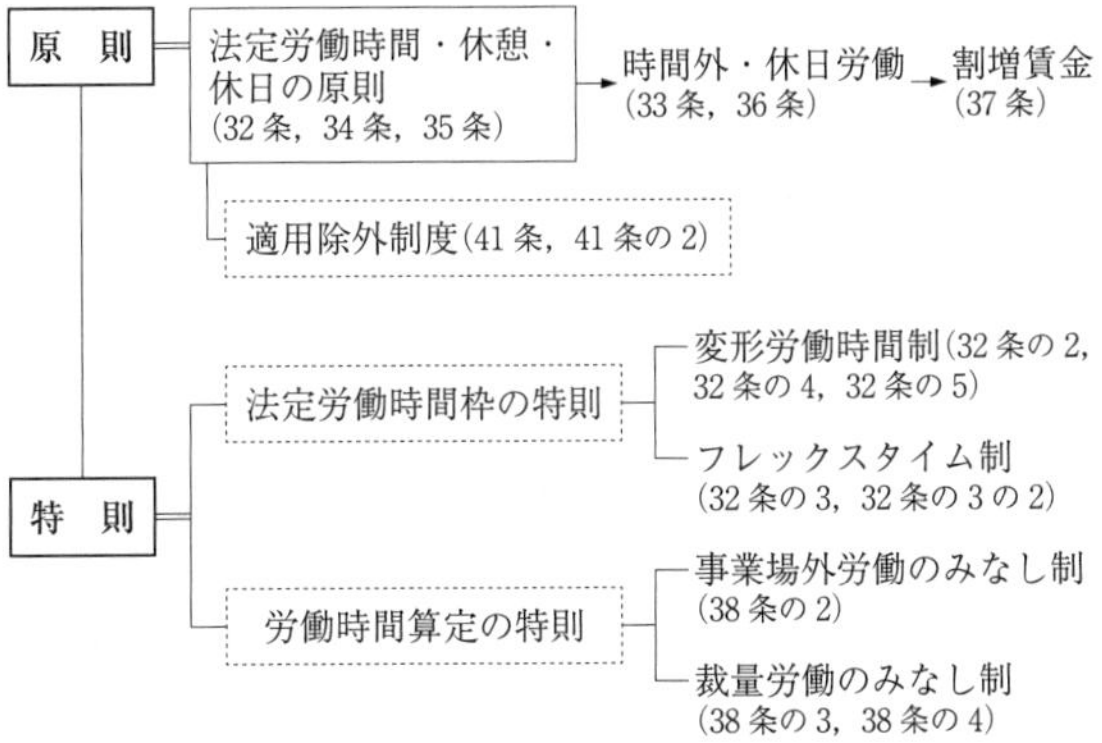

図3　労働時間法制の全体像

日本では、労働基準法のなかに、労働時間に関する多様な規制が定められている。その全体像を簡単な図で示すと、**図3**のようなものになる。

労働時間をめぐる法的な問題は、①労働時間規制が適用される「労働時間」とはどういう時間か、②労働時間規制の原則的な枠組み(法定労働時間・休憩・休日の原則)はどのようなものか、③労働時間規制の特則(労働時間規制を柔軟化する諸制度)はどのようなものか、という大きく三つに整理できる。順にみていこう。

「労働時間」の概念

「労働時間」には、広い意味では、就業規則や労働契約などで働く義務があるとされる「労働契約上の労働時間」という概念と、労働基準法の規制対象となる

「労働基準法上の労働時間」という概念の二つがある。このうち、「労働基準法上の労働時間」とは、使用者が実際に労働者を「労働させ(る)」実労働時間をさす(労働基準法三二条参照)。最高裁判所の判例は、これを「労働者の行為が使用者の指揮命令下に置かれたものと客観的に評価できる時間」と定義している(三菱重工長崎造船所事件・最高裁二〇〇〇年三月九日判決参照)。

例えば、お店の店員がお客を待っている手待時間は、この労働時間にあたる。また、ビル警備員の夜間の仮眠時間も、仮眠室にいなければならず、かつ警報等が鳴った場合には対応しなくてはならない場合には、これにあたると解されている。工場の労働者が作業前後に作業服や安全用具等を着脱する時間も、事業場内でそれを行うことが義務づけられている場合には、労働基準法上の労働時間にあたる。いわゆる持ち帰り残業や自発的残業についても、会社側の黙認や許容があった場合には、これに該当しうる。近年の裁判例では、医師が病院で宿日直勤務をしている時間のうち、実際に診療をする時間以外の待機時間も、労働基準法上の労働時間にあたるとしたものがある(奈良県(医師時間外手当)事件・大阪高裁二〇一〇年一一月一六日判決)。

法定労働時間・休憩・休日の原則

使用者は、労働者に、休憩時間を除いて、一週四〇時間を超えて労働させてはならず、かつ、一日八時間を超えて労働させてはならない（労働基準法三二条）。これを超える労働をさせるときには、法律上定められた要件を満たさなければならず、かつ、割増賃金を支払わなければならない。なお、常時使用する労働者が一〇人未満の商業・サービス業等では、特例として、法定労働時間が一週四四時間・一日八時間とされている（四〇条）。

使用者は、労働時間が六時間を超え八時間以内の場合には少なくとも四五分、八時間を超える場合は少なくとも一時間の休憩を、労働時間の途中に与えなければならない（労働基準法三四条一項）。この休憩時間は、事業場の全労働者に一斉に与えるのが原則であるが、事業場の過半数代表との労使協定がある場合には、その例外として休憩をばらばらに与えることが認められる（同条二項）。また、休憩時間は労働からの解放を保障する時間であるから、労働者に自由に利用させなければならない（同条三項）。例えば、休憩時間中に机に着かせて電話番をさせることはできない。

使用者は、労働者に毎週少なくとも一回の休日、すなわち、原則として午前零時から二四時間の労働義務からの解放を与えなければならない（労働基準法三五条一項）。ただし、四週間を通じ四日以上の休日を与える場合には、この週休一日原則は適用されない（同条二項）。あらかじめ特定されている休日を会社側の都合で別の日に振り替えることを命じること、例えば、休日とされている日曜日に出勤させ月曜日に代休をとらせることは、①就業規則などに休日振替の根拠規定があり、かつ、②休日を振り替えた後の状態が週休一日原則などの法律規定に反していない場合には可能であると解されている。

適用除外――「名ばかり管理職」問題と「高度プロフェッショナル制度」

これらの原則的な法定労働時間・休憩・休日の規制が適用されない労働者が存在する。労働基準法は、①農業・畜産業・水産業に従事する労働者、②管理監督者および機密事務取扱者、③監視・断続労働従事者(③は行政官庁の許可を得た者に限る)の三つの類型のものを定めている(四一条)。これらのいずれかに該当すれば、右に述べた規制の枠を超えて、長時間の労働をさせ、割増賃金を支払わなくても、労働基準法違反にならないことになる。

この点をめぐって社会問題となったのが、いわゆる「名ばかり管理職」問題である。会社が労働者を広く「管理職」(法的には②の「管理監督者」)として位置づけ、長時間の労働に対する割増賃金の支払いを免れようとする動きが、多くの日本企業でみられたのである。これに対し、「管理職」として位置づけられていた労働者から、会社に時間外・休日労働に対する割増賃金の支払いを求めて裁判所に訴える事件が相次いだ。

裁判所は、第一に、「管理監督者」の範囲は、部長や課長といった会社内での肩書きなどの形式的な事情ではなく、個々の具体的な実態に基づいて客観的に判断されるべきであるとしている。労働基準法上の労働時間規制が、当事者が勝手に合意してこれと異なる取扱いをすることを許さない強行法規という性格をもつものである以上、会社が肩書きなどを形式的に操作して法の適用を免れようとすることは許されないのである。

そのうえで、第二に、「管理監督者」かどうかの具体的な判断基準として、法の趣旨に照らし、ⓐ労務管理上の使用者との一体性（例えば、経営上の重要事項に関する権限や部下の人事権をもっていること）、ⓑ労働時間管理を受けていないこと（例えば、出社・退社時間の拘束を受けていないこと）、ⓒ基本給や手当面でその地位にふさわしい処遇を受けていること（例えば、時間外労働賃金に相当するか管理職手当を支給されていること）などを考慮するとしている。実際の裁判例では、部長や課長の肩書きをもつ者、店舗の店長やマネージャーの地位にある者などについて、これらの事情（ⓐからⓒ）がそろっていないことから、管理監督者性を否定し、時間外・休日労働に対する割増賃金の支払い（これに加えて事案によっては会社側の悪質性を考慮した付加金の支払い（労働基準法一一四条））を命じる裁判例が多い（日本マクドナルド事件・東京地裁二〇〇八年一月二八日判決など）。

二〇一八年の働き方改革関連法は、この従来からの三つの類型の適用除外に加えて、労働者の意欲や能力を発揮できる柔軟な働き方の選択肢として「高度プロフェッショナル制度」という新たな適用除外を導入した。この制度の利用には、①年間賃金額が一〇七五万円以上であること、②高度の専門的知識等を必要とし時間と成果の関連性が通常高くない業務（金融商品の開発、自己の投資判断に基づく資産運用・有価証券取引、有価証券の投資に関する助言、顧客の事業運営に関する考案・助言、新たな技術・商品・役務の研究開発の業務）であること、③会社が健康管理時間を把握し健康確保措置を講じること、④労働者の同意を得ること、⑤労使委員会の委員の五分の四以上の多数による議決を得ることなど、より厳しい要件が設定されており、その分、従来からの適用除外と異なって、深夜の割増賃金の規定も適用しないものとされている（労働基準法四一条の二）。また、健康管理時間（事業場内にいた時間と事業場外で労働した時間の合計時間）のうち週四〇時間を超える時間が月一〇〇時間を超える場合には、医師による面接指導を行うことが会社（事業者）に罰則付きで義務づけられている（労働安全衛生法六六条の八の四、一二〇条）。

時間外・休日労働の要件――三六協定など

適用除外の対象となっていない一般の労働者について、法定労働時間や休日の原則を超えて時間外・休日労働をさせるときには、法律上定められた方法をとり、割増賃金を支払わなければならない。

時間外・休日労働を可能とする方法として、労働基準法は、①災害その他避けることができない事由で臨時の必要があり、労働基準監督署長がこれを許可する場合(三三条)と、②事業場の過半数代表と労使協定(いわゆる三六《さぶろく》協定)を締結し、これを労働基準監督署長に届け出た場合(三六条)という二つの方法を定めている。①は、実務上、突発的な機械の故障や急病の発生など人命や公益を守るために必要がある場合に限定されており、実際には、②三六協定の締結・届出の方法で広く時間外・休日労働が行われている。

二〇一八年の働き方改革関連法は、この三六協定による時間外労働について法律上罰則付きで上限を設定するという法改正を行った。改正前の労働基準法では、法定労働時間を超える時間外労働について絶対的な上限時間が定められておらず、三六協定を締結すれば、そこで労使が定めた範囲内で時間外・休日労働を行わせることができた。これに対し、働き方改革関連法は、労働者の健康確保、労働生産性の向上、ワーク・ライフ・バランスの改善等を図ることを目的として、労働基準法三六条を改正し、罰則付きで時間外労働の上限時間を設定したのである。

具体的には、①法定労働時間を超える時間外労働の限度時間を原則として月四五時間、年三六〇時間とする、②特例として、臨時的な特別の事情がある場合に労使協定(特別条項)により限度時間(①)を超える時間を定めることができるが、この場合にも、ⓐ時間外・休日労働をさせることができる時間を一か月一〇〇時間未満、かつ、二か月から六か月平均でいずれにおいても八〇時間以内とする、ⓑ一年について時間外労働をさせることができる時間を七二〇時間以内とする、ⓒ時間外労働が月四五時間を超えることができる月数を一年について六か月以内とする、とされた。三六協定および特別条項を締結する際には、これらの基準をすべて満たさなければならず、実際に時間外・休日労働をさせる際には、三六協定・特別条項に記載した範囲内でのみこれを行わせることができる。

なお、会社が労働者に具体的に時間外・休日労働を命じるためには、三六協定の締結・届出など法律上の要件を満たすことに加えて、就業規則などによって時間外・休日労働を行う義務を労働契約上設定しておく必要がある。

時間外・休日・深夜労働に対する割増賃金

使用者は、法定労働時間を超える時間外労働に対しては二割五分、法定休日になされた休日労働に対しては三割五分の割増賃金を支払わなければならない(労働基準法三七条一項参照)。なお、時間外労働が月六〇時間を超える部分については、割増率が二割五分から五割に引き上げられており(同項ただし書)、この引き上げられた割増賃金部分については、事業場の過半数代表との労使協定に基づいて有給の代替休暇を与えることで支払いに代えることができるとされている(同条三項)。

また、午後一〇時から午前五時まで(厚生労働大臣が必要と認めるときには午後一一時から午前六時まで)の時間帯に労働(いわゆる深夜労働)をさせた場合には、二割五分の割増賃金を支払わなければならない(同条四項)。時間外労働と深夜労働が重なった場合、および、休日労働と深夜労働が重なった場合には、割増率は合算され、それぞれ五割(月六〇時間を超える時間外労働部分については七割五分)、六割の割増賃金を支払わなければならない。

法定労働時間の柔軟化――変形労働時間制とフレックスタイム制

以上述べた労働時間規制の原則的な枠組みに対し、これを柔軟化するための特別の制度が、労働基準法上定められている。一つは、変形労働時間制など法定労働時間の枠を柔軟化する制度であり、もう一つは、裁量労働制など労働時間の算定方法についての特則である。

前者の法定労働時間の枠を柔軟化する制度として、①三種類の変形労働時間制と②フレックスタイム制がある。

①変形労働時間制とは、労働時間を一定期間で平均して週四〇時間を超えていなければ、時間外労働はないものとする、つまり、一週または一日の法定労働時間の規制を解除する制度である。例えば、変形制の単位期間を四週間とした場合、月末の週の所定労働時間（契約上労働時間と定められた時間）を四五時間としても、その他の週の所定労働時間を短くして四週間で一六〇時間を超えないようにすれば、月末の週の週四〇時間を超える部分も時間外労働とはならないものとされる。

現行の労働基準法は、一か月単位（三二条の二）、一年単位（三二条の四）、一週間単位（三二条の五）の三つの変形労働時間制を定めている。このなかで標準形となるのは、一か月単位のものである。一か月単位の変形労働時間制は、事業場の過半数代表との労使協定または就業規則によって、単位期間における各週・各日の所定労働時間を具体的に特定して、導入することができる。これに対し、一年単位の変形労働時間制は、変形期間が長期にわたるため、就業規則ではなく過半数代表との労使協定によってのみ導入することができ、また、一日一〇時間・一週五二時間などの労働時間の上限も設定されている。また、一週間単位の変形労働時間制（例えば、月曜・火曜は六時間、金曜は八時間、土曜・日曜は一〇時間など各週ごとに柔軟に変動させるもの）は、小規模な旅館・飲食店などあらかじめ労働時間を特定できない事業を想定した制度であり、その予測困難性ゆえに、過半数代表との労使協定によってのみ導入可能で、一日一〇時間の労働時間の上限が設定されている。

②フレックスタイム制とは、清算期間とその期間における総労働時間（週平均四〇時間以内）を定め、労働者に始業・終業時刻の決定を委ねる制度である（三二条の三、三二条の三の二）。ここでは、それぞれの日に何時から何時まで働くかを労働者の自由な選択に委ねる代わりに、ある日やある週において法定労働時間を超えても、清算期間での法定労働時間の総枠（例えば清算期間が四週間の場合一六〇時間）を超えない限り、時間外労働にはならないものとされる。従来は、このフレックスタイム制の清算期間は一か月を上限とするものとされていたが、二〇一八年の働き方改革関連法は、これを三か月に延長し、より柔軟にこの制度を利用できるようにした。ただし、清算期間が一か月を超えるフレックスタイム制において、一か月の労働時間が一週平均五〇時間を超える場合には、その超過部分は法定時間外労働として一か月ごとに割増賃金を支払わなければならないとされている。

労働時間の算定方法の特則――労働時間のみなし制

労働時間の算定は、実際に働いた時間（実労働時間）によって行うのが原則である。労働者が複数の職場（事業場）で就労する場合には、労働時間は通算して計算される（労働基準法三八条一項）。炭坑やトンネル内での労働については、その場所的特殊性のため、労働者が坑口に入った時刻から坑口を出た時刻までの時間を、休憩時間を含め労働時間とみなすとされている（同条二項）。

労働基準法は、この実労働時間による労働時間算定の例外として、実際に何時間労働したかにかかわらず、一定時間労働したものとみなすという制度を定めている。この労働時間のみなし制には、①事業場外労働のみなし制と②裁量労働のみなし制という二つのものがある。

①事業場外労働のみなし制とは、労働者が事業場の外で業務に従事し、その労働時間の算定が困難な場合に、一定時間労働したものとみなす制度である（三八条の二）。例えば、外回りの営業、報道記者、出張などの場合に用いられる。働いたとみなす時間は、原則として所定労働時間とされるが、その業務を行うのに所定労働時間を超えて労働することが通常必要になる場合には、通常必要とされる時間労働したものとみなされる。例えば、所定労働時間が一日七時

間三〇分とされている会社で、出張に出たとき、出張にあたり一日七時間三〇分を超えて、一〇時間働くことが必要であるという事情がある場合には、その日は一〇時間働いたものとみなされ、逆に、そのような特別の事情がない場合には、出張中も一日七時間三〇分労働したものとみなされる。所定労働時間を超えて労働することが必要な場合の通常必要とされる時間（右の例では一〇時間）は、事業場の過半数代表との労使協定で定めておくことができる。

②裁量労働のみなし制とは、業務遂行について労働者に大きな裁量が認められるものについて、実労働時間によらず、一定時間労働したものとみなす制度である。例えば、この制度の適用を受けると、実際に働いた時間が週二〇時間でも週六〇時間でも、一定時間（例えば週四〇時間）だけ働いたものとみなされる。この制度には、研究開発やシステムエンジニアなどの専門職労働者を対象とした専門業務型裁量労働制（三八条の三）と、事業の運営に関する企画・立案・調査・分析の業務を行う一定範囲のホワイトカラー労働者を対象とした企画業務型裁量労働制（三八条の四）の二種類のものがある。このうち、前者の専門業務型裁量労働制については、厚生労働省令によってその対象業務が限定的に列挙されている（労働基準法施行規則二四条の二の二第二項）。これに対し、後者の企画業務型裁量労働制については、その対象業務が「事業の運営に関する事項についての企画、立案、調査及び分析の業務」と抽象的に定められているのみ

である。そこで、後者については、その射程や運用が広がりすぎることを抑制するため、単なる事業場の過半数代表との労使協定ではなく、その事業場に労使半数構成の労使委員会を設置し、その五分の四以上の多数で決議するという加重された要件のもとで、導入できるとされている。

なお、裁量労働のみなし制のもとでの働きすぎや制度の濫用を防止するために、勤務状況の把握を含む健康確保のための措置や苦情処理に関する措置を講じることが、労使協定事項または労使委員会の決議事項として求められている。また、企画業務型裁量労働制については、制度の適用の際に該当する労働者の個別の同意を得る必要があること、および、同意をしなかった労働者に対し不利益な取扱いをしないことが、労使委員会の決議事項とされている。

3　休暇・休業

日本で法律上認められている休暇・休業として、年次有給休暇(労働基準法三九条)、産前産後の休業(同法六五条)、生理日の休暇(同法六八条)、育児休業(育児介護休業法五条以下)、子の看護休暇(同法一六条の二以下)、介護休業(同法一一条以下)、介護休暇(同法一六条の五以下)がある。

表2　一般の労働者（週の所定労働日数が5日以上または週の所定労働時間が30時間以上）の年次有給休暇の付与日数

継続勤務年数	0.5	1.5	2.5	3.5	4.5	5.5	6.5〜
付与日数（労働日）	10	11	12	14	16	18	20

表3　所定労働日数の少ない労働者（週の所定労働時間が30時間未満）の年次有給休暇の付与日数

週所定労働日数	年間所定労働日数	継続勤務年数						
		0.5	1.5	2.5	3.5	4.5	5.5	6.5〜
4日	169〜216日	7	8	9	10	12	13	15
3日	121〜168日	5	6	6	8	9	10	11
2日	73〜120日	3	4	4	5	6	6	7
1日	48〜72日	1	2	2	2	3	3	3

年次有給休暇

年次有給休暇（いわゆる年休）は、他の休暇・休業と異なり、有給で休暇を保障しているところに大きな特徴がある。年休の趣旨は、労働者の心身のリフレッシュを図ることにある。

労働者が会社に雇われて、六か月以上継続勤務し、全労働日の八割以上出勤した場合に、一〇労働日の年休の権利が発生する。その後、勤続年数が長くなるに従って年休日は加算され、勤続年数が六年六か月になると二〇労働日となる（**表2**。労働基準法三九条一項・二項）。また、週三日勤務など所定労働日数が少ない労働者については、その日数に比例して算定された日数の年休が付与される（**表3**。同条三項）。

このようにして発生した年休の権利は、次の三つの方法で実現される。

第一に、使用者と事業場の過半数代表との労使協定により、それぞれの労働者について年休の時期を特定する、計画年休といわれる方法である。ただし、各労働者について五日間は、個人的利用のためにとっておくために、計画年休の対象外とされる(同条六項)。

第二に、労働者が年休の時季を指定して(時季指定権を行使して)年休を取得する方法である。もっとも、その時季に年休を取られると事業の正常な運営が妨げられる場合には、使用者は時季の変更を求めることができるとされている(同条五項)。この使用者の時季変更権行使が認められるか否かは、単に業務上支障が生じるというだけでなく、労働者がその時季に年休を取れるように会社が代替要員確保の努力をするなど相応の配慮をしていたかという点も含めて判断される。また、労働者が指定した年休が二週間を超えるなど長期にわたる場合には、労働者側は事前の調整を図ることを求められ、それを経ていない場合には、業務上支障が生じるかどうかの判断等について使用者側の裁量を認めざるを得ないと解釈されている(時事通信社事件・最高裁一九九二年六月二三日判決)。

第三に、使用者が時季を指定して労働者に年休を付与する方法である。二〇一八年の働き方改革関連法は、労働者の時季指定による年休取得が進まないなか、年休の取得促進を図る目的で、一〇日以上の年休が付与される労働者に対し、年休日数のうち年五日については、会社が時季を指定することにより付与しなければならないとした（労働基準法三九条七項）。使用者がこの年休付与義務を果たさなかったときには、三〇万円以下の罰金に処するものとされている（一二〇条一号）。なお、労働者の時季指定権の行使または計画年休制度により年休が付与された場合には、それらの日数分（五日を超える場合には五日）については、会社の五日の年休付与義務の対象から差し引いてよいとされている（三九条八項）。例えば、労働者が自ら時季指定権を行使して三日の年休を取得した場合、会社は五日に足りない残り二日分について時季指定をして年休を付与する義務を負うことになる。

年休の権利は、労働者が年休を消化することによって消滅する。労働者が消化していない年休については、二年の消滅時効（一一五条）にかかり、一年に限り繰越しが認められている（発生から二年すると消滅する）。

日本の年休制度の最大の問題は、消化率が低いことにある。近年では、その率は五割前後にとどまっている。その主たる原因は、労働者に年休の時季指定権を与えている日本の制度にある。年休発祥の地であるフランス、ドイツなどのヨーロッパ諸国では、年休の時期を決める権利（義務）は基本的に会社側にある。会社は年の初めに労働者の希望を聞きながら年休カレンダーを作成し、労働者はそれに従って年休を一〇〇%取得していく。二〇一八年の働き方改革関連法は、このような状況を踏まえ、労働者に時季指定権を与えている（その結果労働者に年休を取得しないという選択を認めている）日本型の年休制度を、会社の責任で年休の時期を決める（それに従って一〇〇%年休が取得されていく）ヨーロッパ型の年休制度に部分的に移行する制度改正を行った。今後は、改正法の施行状況を検証しつつ、制度全体をヨーロッパ型にシフトさせていくことが検討課題となるだろう。

産前産後休業・育児休業・子の看護休暇など

労働基準法は、妊娠した女性に対し、出産予定日前の六週間（多胎妊娠の場合は一四週間）、出産後の八週間について、産前産後休業を取得する権利を保障している。これらのうち、産前休業は女性の請求により認められる任意的休業であり、全員が休まなくてはならないわけではない。産後休業は請求の有無にかかわらず就業が禁止される強制的休業である。ただし、産後七週目・八週目は、医師が支障なしと認めた場合は、女性の請求により就業可能とされている（六五条一項・二項）。また、同法は、女性が生理日で就業が著しく困難な場合に休暇を取得する権利を認めている（六八条）。

育児介護休業法は、満一歳未満の子を養育する労働者に対し、男女を問わず、子が満一歳に達するまでの期間(一歳の時点で保育所への入所ができないなど特別の事情がある場合には一歳六か月まで。同様の事情がある場合にはさらに六か月〔満二歳まで〕延長可能)、育児休業を取得する権利を認めている(五条以下)。また、同法は、会社に、三歳未満の子を養育する労働者について、短時間勤務制度を設けること(二三条一項)、および、所定時間外労働の免除を制度化すること(一六条の八)を義務づけ、労働者が就業しつつ育児をすることを容易にする環境の整備を図っている。

また、育児介護休業法は、小学校入学前の子を養育する労働者に対し、男女を問わず、一年度において五労働日(対象となる子が二人以上の場合は一〇労働日)を限度として、傷病にかかった子の世話または疾病の予防を図るために必要な子の世話をするための看護休暇を取得する権利を認めている(一六条の二)。

介護休業・介護休暇

育児介護休業法は、要介護状態の家族をもつ労働者に対し、男女を問わず、対象家族一人について、通算九三日の範囲内で三回まで、介護休業を取得する権利を認めている(一一条以下)。

また、同法は、会社に、要介護状態の家族を介護する労働者について、介護支援措置(短時間勤務、フレックスタイム制、始業・終業時刻の繰上げ・繰下げ、介護サービス費用の助成のうち少なくとも一つ)を講じること(二三条三項)、および、所定時間外労働の免除を制度化すること(一六条の九)を義務づけ、介護と仕事の両立支援を図っている。

また、育児介護休業法は、要介護状態の家族をもつ労働者に対し、男女を問わず、一年度において五労働日(対象となる家族が二人以上の場合は一〇労働日)を限度として、家族の世話を行うための介護休暇を取得する権利を認めている(一六条の五)。

休暇・休業を理由とした不利益取扱いの禁止

育児介護休業法は、労働者が育児休業・介護休業などの申し出や取得をしたことを理由として、労働者に対し解雇などの不利益取扱いをしてはならないとしている(一〇条、一六条など。男女雇用機会均等法九条も参照)。例えば、育児休業から戻った人が以前とは違う職場に配置された場合、それが業務上の必要性など他の正当な理由に基づいて行われたのではなく、育児休業をとったことを理由として行われたときには、この配置は法律規定に違反し違法・無効なものとされる。

もっとも、産前産後休業、育児・介護休業などについては、法律上有給とすることは義務づけられておらず、会社はこれらの期間を無給とすることもできる。したがって、これらの休暇・休業日を賃金の支給・算定上「欠勤」として取り扱うことは、必ずしも法律が禁止する不利益取扱いにあたるわけではない。例えば、育児休業の取得自体を理由としたものでなく、私傷病休業の場合と同様に、働かなかったこと一般を理由とした欠勤（無給）扱いであれば、育児休業を理由とした不利益取扱いにはあたらない。

しかし、法律が禁止する不利益取扱いにあたらない場合でも、休暇・休業期間を欠勤扱いすることが違法と判断されることがある。判例によれば、例えば九〇％出勤という賞与の支給要件がある場合に、産前産後休業や育児休業を「欠勤」扱いし、その結果、賞与が支給されなくなるなど、労働者への不利益が大きくその権利の行使を抑制して法が権利を保障した趣旨を実質的に失わせてしまうような措置については、公序に反し無効である（民法九〇条）とされている（東朋学園事件・最高裁二〇〇三年一二月四日判決）。そのほか、裁判例として、三か月以上の育児休業により次年度は昇給させないとの取扱いにつき、育児介護休業法が禁止する不利益取扱いにあたるとともに、同法の趣旨を実質的に失わせるものとして公序に反し無効であるとしたもの（医療法人稲門会〔いわくら病院〕事件・大阪高裁二〇一四年七月一八日判決）、育児のための短時間勤務を選択した労働者に対し昇給を抑制する（労働時間数に比例した号俸分しか昇給を認めない）ことにつき、同法に違反する不法行為にあたるとして損害賠償を命じたもの（社会福祉法人全国重症心身障害児（者）を守る会事件・東京地裁二〇一五年一〇月二一日判決）などがある。

4　労働者の安全・健康の確保

労働法の原点の一つは、労働者の肉体や精神などの人間性を保護することにあった。なかでも、労働者の安全や健康を確保することは、労働法の重要な存在意義の一つである。その法政策としては、まず何よりも、労働者のけがや病気の発生を事前に防止する「労働安全衛生」が重要である。そして、予防措置を尽くしても不幸にして生じてしまった労働災害に対して、事後的に救済を講じる「労災補償」がもう一つの重要な柱となる。

労働安全衛生

日本では、労働安全衛生法という法律が、労働者の安全と健康を確保するとともに、快適な職場環境の形成を促すことを目的とした規定を定めている。具体的には、事業者その他の関係者に対して、①職場における安全衛生管理体制の整備（労働者の健康管理にあたる産業医の選任、安全衛生委員会の設置など）、②危険・健康障害の防止措置の実施（安全ベルト・防じんマスクの着用など）、③機械・有害物などに関する規制（有害物の使用の禁止など）、④安全衛生教育・健康診断などの実施（年一回以上の一般健康診断の実施など）を義務づけている。

これらの規制の実効性を確保するために、同法は、罰則や労働基準監督制度による監督・取締りを行うほか、行政が労働災害防止計画を策定したり、事業者による労働安全衛生マネジメントシステムといった自主的取組みを推進するなど、総合的・多面的な施策を採用している。

二〇一四年の同法改正は、労働者の心理的な負担の程度を把握するための医師・保健師等による検査（いわゆる「ストレス・チェック」）を実施することを会社に義務づけた（六六条の一〇）。また、二〇一八年の働き方改革関連法は、会社に、管理監督者等を含むすべての労働者についてタイムカード、パソコンの記録等の客観的な方法など適切な方法で労働時間の状況を把握することを義務づけ（労働安全衛生法六六条の八の三）、この実労働時間の把握により、時間外労働が月八〇時間を超えかつ疲労の蓄積が認められる場合には、会社は、労働者の申し出により医師による面接指導を行わなければならないとした（六六条の八）。

労災補償――労災保険制度による給付

労働者が働いていてけがや病気などになった場合、民法の世界では、不法行為(日本では民法七〇九条)として会社に損害賠償の支払いを求めることが考えられる。しかし、①労働者が会社側に過失があったことの立証を行うことは実際には難しく、また、②会社に十分な資力がない場合には損害賠償の支払いを受けられないおそれもある。そこで、各国は、①会社側の過失の有無を問わず労働災害の救済をし、また、②会社にお金がなくても救済できるように、政府が社会保険として保険料を徴収し給付を行う労災保険制度を発展させてきた。

日本では、一九四七年に制定された労働者災害補償保険法が、主にその役割を担っている。この法律に基づく労災保険制度は、労働者を使用するすべての事業主に強制的に適用され、その保険料は事業主が負担する。被災労働者や遺族は、労災保険給付の申請を所轄の労働基準監督署長に行い、署長はこれに対して支給・不支給の決定を下す。署長の決定に不服があれば、労災保険審査官に審査請求、さらには労働保険審査会に再審査請求をすることができる。労働保険審査会の決定に不服がある場合、または、労災保険審査官への審査請求後三か月を経過しても決定がない場合には、裁判所に労働基準監督署長の決定の取消しを求める行政訴訟を提起することができ、裁判所では署長の不支給決定が取り消されることも少なくない。

労災保険給付は、「業務災害」または「通勤災害」に対して支給される。「業務災害」は「労働者の業務上の負傷、疾病、障害又は死亡」、「通勤災害」は「労働者の通勤による負傷、疾病、障害又は死亡」と定義されている(労働者災害補償保険法七条一項一号・二号)。業務災害の例としては、仕事中の事故による負傷、忘年会や運動会など参加が事実上強制された会合での負傷、石綿(アスベスト)にさらされることによる肺がん・中皮腫など職場の環境に起因する疾病などがある。通勤災害の例としては、通勤途中の交通事故、駅の階段での転倒などがあげられる。なお、仕事中や通勤途中の災害であっても、地震・竜巻などの自然現象や犯罪行為などの外部の力に起因して生じた場合には、「業務上の」災害や「通勤による」災害とはいえない場合がある。もっとも、これらの場合でも、例えば地震による被害を受けやすい場所で働いていたり通勤していた場合など、そもそも業務や通勤に被災する危険が内在していてそれが現実化したといえるときには、労働災害と認められる。

過労死と過労自殺

いわゆる過労死、すなわち過重労働による脳・心臓疾患については、高血圧や動脈硬化など基礎疾患をもつ労働者に発症することが多いため、業務(過労)に起因して発症したのか、基礎疾患に起因して発症したのかが問題になることが多い。この点について、最高裁判所は、業務による過重な負荷が、労働者の基礎疾患をその自然の経過を超えて悪化させ、発症に至ったと認められるときには、業務と発症との関連性(業務起因性)を肯定できるとしている(横浜南労基署長事件・最高裁二〇〇〇年七月一七日判決)。この最高裁判決を受け、厚生労働省は、例えば、①発症前一か月間に時間外・休日労働が一〇〇時間を超える、または、②発症前二か月から六か月間の平均で時間外・休日労働が一か月あたり八〇時間を超える期間がある場合には、業務と発症の関連性が強いとする行政認定基準を定めている。

いわゆる過労自殺、すなわち過重労働によりうつ病にかかった労働者の自殺についても、業務(過労)とうつ病との間に因果関係があり、それに起因して死亡(自殺)したと認められる場合には、労働災害と認められている。また、セクハラやパワハラなど職場におけるいじめ・嫌がらせを原因として発症したうつ病やそれに起因する死亡(自殺)についても、そのような職場環境とうつ病との間の関連性を肯定し、労働災害にあたるとする例が増えている。

安全配慮義務・健康配慮義務――会社に対する損害賠償請求

労災保険制度による給付は、精神的損害(慰謝料)をカバーするものではないなど、労働者が被った損害をすべて補償するものではない。また、そもそも労災保険給付の対象とならない災害であっても、民法上の損害賠償請求が認められることもある。そこで日本では、政府に対する労災保険給付の請求とは別に、会社を裁判所に訴えて損害賠償の支払いを請求することが認められている。この両方の請求が行われた場合、労災保険給付で補償された損害については、会社はその限りで民法上の損害賠償責任を免れるとされている(労働基準法八四条二項参照)。

労働者が会社に対し損害賠償の支払いを求める法的根拠としては、まず、不法行為(民法七〇九条など)が考えられる。しかし、不法行為による損害賠償請求権の消滅時効は三年であり(改正前民法七二四条)、また、労働者側が使用者の過失の存在を立証する責任を負うといった難点があった。そこで、最高裁判所は、不法行為以外の法的根拠を示した。使用者は労働契約上の信義則に基づき労働者の生命や健康を危険から保護するよう配慮すべき安全配慮義務を負うとし、その義務をきちんと果たしていなかった使用者に、債務不履行(民法四一五条)の形で損害を賠償させることを認めたのである(債務不履行とされることで消滅時効は一〇年となった(改正前民法一六七条))。労働契約法は、これを、「使用者は、労働契約に伴い、労働者がその生命、身体等の安全を確保しつつ労働することができるよう、必要な配慮をするものとする。」という形で、法律上明文化している(五条)。なお、二〇一七年の民法(債権法)改正により、人の生命・身体の侵害についての消滅時効は、権利行使できることまたは損害・加害者を知った時から五年、権利行使できる時または不法行為時から二〇年と、債務不履行でも不法行為でも同一のものとされた(一六六条一項、一六七条、七二四条、七二四条の二)。

この安全配慮義務は、単に労働契約を締結している労働者と使用者との間だけでなく、事実上指揮監督をして働かせているといった「特別の社会的接触関係」にある当事者間であれば、広くそこに発生する義務であるとされている。したがって、例えば、元請企業と下請企業労働者、派遣先企業と派遣労働者など、直接の労働契約関係がない当事者間であっても、労働者の生命・健康にかかわる指揮命令や管理監督が行われている場合には、安全配慮義務違反が問われうる。

安全配慮義務違反は、過労死や過労自殺などの事案でも認められている。判例によると、会社は労働者が過重労働により心身の健康を損なわないよう注意する義務を負う(健康配慮義務とも呼ばれている)。具体的には、健康診断などを実施し労働者の健康状態を把握したうえで、それに応じて業務の軽減など適切な措置を講じなかった場合には、安全配慮義務または健康配慮義務違反の責任を問われるとされている。また、職場におけるいじめ・嫌がらせなどが原因で労働者が自殺した場合でも、会社の安全配慮義務や職場環境配慮義務違反が認められている。

近年では、過労死や過労自殺等の事案で、長時間労働の実態を認識しつつ被害の発生を防ぐ対策をとらなかったことが取締役の悪意・重過失による任務懈怠（会社法四二九条一項）にあたるとして、取締役個人に損害賠償を命じる裁判例も増えている。

5　労働者の健康を確保するための課題

日本の労働条件についての最大の特徴は、労働時間の長さとそれに起因する過労死・過労自殺などの健康被害である。この点について、法規制の観点から二点だけ述べておこう。

労働時間の長さの規制方法

第一に、労働時間の長さに対する規制の方法である。

ヨーロッパ（EU）では、残業時間を含む労働時間の上限（最長労働時間）が週四八時間、勤務終了後翌日の勤務までの労働解放時間（休息時間）が一一時間とされるなど、労働時間の長さに対して直接規制を加える方法がとられている。これに対し、アメリカでは、週四〇時間を超える時間には五割の割増賃金を支払うという間接的な規制は定められているが、労働時間の長さに直接上限を定める規制はなく、割増賃金さえ支払えば何時間働かせてもよいとされている。そもそも、アメリカの労働時間規制は、労働者の健康確保を目的とするものではなく、ワークシェアリング(失業対策)を目的として定められたものである。もっとも、アメリカでは、日本ほど長時間労働による健康被害は深刻化していない。その大きな理由は、労働者が会社から過酷な労働を強いられるような場合、その会社を辞めて他のよりまともな会社を探すという行動をとる点にある。

これに対し、日本、特に正社員については、長期雇用慣行や企業共同体的な意識のもと、会社を辞めることがそう簡単ではない環境にある。そのため、アメリカのようにドライに転職して自分の身を守るという選択を労働者に期待することは、現状ではなかなか難しい。このような背景の違いと、健康被害という結果の重大性・深刻さを考えると、日本では、ヨーロッパのように、労働時間に法的な歯止めを設定することが重要だといえよう。二〇一八年の働き方改革関連法による時間外労働の上限時間の設定(一四一頁以下)は、ヨーロッパ型の規制に向けて第一歩を踏み出したものといえる。今後の課題としては、時間外労働の上限規制を管理監督者など適用除外者や裁量労働制適用者にも広げていくこと、上限時間をワーク・ライフ・バランスを実現できる水準に引き下げていくこと、休息時間(勤務間インターバル)を法的に制度化すること、週休一日を法的に例外なく保障することなどが考えられる。

健康問題に対する法的アプローチ

第二に、過労死やメンタルヘルス・過労自殺などの健康問題に対する法的な対応のあり方である。この点については、労災保険制度や安全配慮義務違反としての損害賠償などによる事後的な救済も大切であるが、より重要なのは事前に予防を図ることである。具体的には、①それぞれの企業の現場で労使がアイディアを出しあいながら試行を繰り返し、健康被害の防止という結果につなげていくこと、②そのプロセスや成果を公表して外部にも見えやすいようにし、企業の外からのチェックや社会的な評価にもつながるようにすること、③このような取組みを行っている企業に対し健康保険や労災保険の保険料を減額するなどの方法で、各企業の現場での自主的な取組みを法的にも促していくことが考えられる。

働き方改革によって、労働時間短縮やワーク・ライフ・バランスを実現している企業の社会的評価が高まる流れができつつあり、政府も、女性活躍推進法などで企業の勤務状況に関する情報の公表を促す政策を推進している（一〇五頁）。今後は、このような流れを社会全体に広げ定着させていくために、法政策の方向性として、労使当事者の自主的な取組みを促すインセンティブ・システムを総合的に構築していく（そのなかで①～③を連携させながら進めていく）ことが重要になるだろう。

過酷な労働条件からの労働者の保護という労働法の原点にあるべきものが、日本の労働法においては、いまなお十分には保障されていない。この日本的な問題に対しては、健康確保のための最低基準を法的に設定するという労働法の原点に戻ること、そのうえで現場の実態の多様性に応じた労使の自主的な取組みを政策的に促すこと、そして、そのプロセスのなかで企業共同体の閉鎖性という日本的な課題を徐々に解消していくことが求められる。

第６章 労働組合はなぜ必要なのか

労使関係をめぐる法

私は、労働者になって十数年間は労働組合に入っていなかった。しかし、尊敬する先輩からの誘いを受けて今の職場の労働組合に入った。そして、その労働組合の役員をしたりした。私が入っている労働組合は、組織率が一割前後の少数組合で、おそらく日本の労働組合の典型的な姿(大企業の多数組合)とは違ったものだと思う。しかし、そうであったとしても、労働組合の役割はそう小さなものではない。大多数の非組合員の皆さんにとっても、経営者としての研究所や大学にとっても、ある程度意味のある存在になっていると思う。

日本では労働組合の組織率は低下傾向にあるが、その活動を軽視することはできない。労働組合はなぜ重要か。それは法的にどのように位置づけられ、どのような役割・権限をもっているのだろうか。

1　労働組合はなぜ法的に保護されているのか

憲法は、労働者が労働組合を作り、団体交渉をしたり、団体行動をする権利を認めている（二八条）。また、労働組合法は、労働組合が使用者と締結した労働協約に規範的効力という特別の効力を認め（一六条）、使用者の不公正な行為（不当労働行為）を禁止して円滑な団体交渉関係が築かれるよう促している（七条など）。一般の市民が作るサークルなどの団体とは違って、労働組合にこのような法的保護が与えられている理由はどこにあるのだろうか。

労働組合の存在意義

労働組合の第一の存在意義は、使用者との関係で経済的に弱い立場にある労働者を守ることにある。一人一人では弱い状況に追い込まれかねない労働者たちが、集団を作って交渉することにより、使用者と対等な立場に立つことが可能となるのである（一一頁以下参照）。これは、団体交渉による労働条件対等決定の要請ともいわれている（労働組合法一条一項）。

もっとも、労働組合は、労働者の利益のためだけに存在しているわけではない。労働組合の存在は、使用者の利益にもなりうることが指摘されている。

例えば、会社と労働者との間で問題となる事項には、賃金制度、労働時間制度、労働環境など多数の労働者に共通する性格（いわゆる公共財性）をもつものが多く、これらの点は、一人一人の労働者と個別に交渉するより全体でまとめて交渉した方が、会社にとっても効率的である。

また、労働者の発言のもつ意味も注目されている。労働者が職場に不満をもった場合、不満を解消するために声をあげる（voice）か、それとも黙って辞める（exit）かの選択を迫られることがある。この場合に、辞めるという選択が続けば、キャリアが途絶える労働者としても、重要な戦力を失う会社としても、損を重ねることになる。逆に、労働者が声をあげやすい環境を作り、労働者が発言をして不満を解消するようになっていくと、労働者のやる気や定着率が高まり、その技能が高まることによって、会社としても生産性や利益が高まることにつながる。もっとも、労働者は一人ではなかなか声をあげられない。労働者が労働組合などの集団を作り、労働者が不満や意見を言いやすい環境を整えることで、労働者の発言（voice）が実質的に機能するようになり、労使双方の利益が高まることになるのである。

アメリカの著名な労働経済学者であるリチャード・B・フリーマンとジェイムス・L・メド

フは、一九七〇年代に行われた複数の研究結果を分析し、労働組合のある事業場の方が労働組合のない事業場より生産性が高いという事実を明らかにしている。その理由として、①労働組合の活動によって労働者の離職率が下がること、②労働組合の発言を受けて人事管理が合理化され、バランスのとれた経営が可能となることなどがあげられている。

労働組合を法制度化する必要性

このように、労働組合を通じた集団的な交渉によって労使双方に利益がもたらされるとしても、なぜそれを法によって制度化しなければならないのだろうか。労使双方にとって利益になるのであれば、法が介入しなくても、労使が自主的に取り組んで、より良い結果がもたらされるように行動するのではないか。それでもなお、法が介入して集団的な交渉を制度化することが必要な理由は、次の二点にある。

第一に、個々の当事者は必ずしも万能ではないことである。会社にしても、労働者にしても、すべての情報を認識し、あらゆる能力を駆使しながら、中長期的な予測も含めて、合理的な判断や行動ができるわけではない。とりわけ情報や能力に限界をもつ当事者は、短期的にコストとなる選択を避け、目の前の利益を追求する行動をとりがちである。このように、近視眼的な行動に出やすい当事者に対して、中長期的な利益につながるような選択を促すことは重要である。集団的な交渉の基盤を作ることは、短期的には負担となるかもしれないが、中長期的にみれば労使双方の利益につながりうるものである。

第二に、当事者が自己利益を追求する行動をとって、全体の利益を損なってしまう事態を防ぐことである。例えば、労働組合はストライキに突入して交渉を優位に運び、より多くの利益を手に入れようとする。会社はこれに対抗してロックアウトを行い、利益をひとり占めしようとする。このようなケースで、双方が自分の利益だけに固執して十分な話合いを行おうとせず、事態の収拾がつかなくなると、労使双方が大きな打撃を受ける結果(いわゆる「囚人のジレンマ」といわれる状況)となる。このような当事者の戦略的行動による全体的な損失を避けるためには、両当事者が情報を出しあって誠実な態度で交渉する制度的基盤を作っておくことが重要になる。

法が労働組合という集団の存在を承認し、それを介した集団的な交渉を促している背景には、このような複合的な理由がある。そして、これらの理由は決して時代遅れのものではない。競争激化のなかで近視眼的な行動や戦略的な行動が横行している今日において、われわれは、これらの点をより深刻なものとして受け止める必要があるだろう。

2　労働組合の組織と基盤

労働組合として保護を受ける要件

労働組合法の基本的な目的は、団体交渉による労働条件対等決定の促進にある（一条一項参照）。その役割を担う労働組合について、同法は、①労働者が主体となって（主体）、②自主的に（自主性）、③労働条件の維持改善その他経済的地位の向上を図ることを目的として（目的）、④組織する団体またはその連合体（団体性）であり（二条）、⑤その民主的な運営を確保するために均等取扱いや民主的意思決定手続などの一定の事項を記載した規約を作成すること（民主性〔五条二項〕）を求めている。

なかでも、②自主性の要件については、人事の直接の権限をもったり、労働関係の機密事項に接する監督的地位にある労働者など、「使用者の利益を代表する者」の参加を許すものであってはならないとされている（二条但書一号）。これを受け、実務上は、課長などの一定の役職に達すると労働組合を脱退する取扱いがなされていることが多い。しかし、法的には、この利益代表者にあたるかどうかの判断は、課長以上といった肩書きではなく、会社からの独立性の確保という法の趣旨に照らし、実際に使用者の利益代表者といえる具体的な権限をもっているかという実質的な観点からなされなければならない。したがって、課長など管理職の肩書きをもつ者であっても、法的には「利益代表者」にはあたらず、労働組合に加入できる者であることも多い。

複数組合主義と労働組合の形態

労働組合法は、労働組合の規模や組織レベルについて中立的な態度をとっている(二条、六条参照)。多数組合であれ少数組合であれ、また全国レベルや産業レベルの組合であれ企業レベルの組合であれ、右に述べた五つの要件を満たせば、労働組合として法的保護を受けることができるのである(複数組合主義)。

そのなかで、日本の労働組合の多くは、正社員の長期雇用慣行を中心とした日本的雇用システムと結びつきながら、企業レベルで組織されている。日本の労働組合運動の基盤も企業別労働組合にあり、その頂点に「連合」などのナショナルセンターがある。これに加えて、企業別労働組合ではカバーされていない労働者を救済する組織として、地域一般労働組合、パートユニオン、派遣ユニオン、管理職ユニオンなどのいわゆる地域合同労組も重要な役割を果たしている。

ユニオン・ショップとチェック・オフ

日本の労働組合運動の中心にある企業別労働組合は、その存立基盤として、会社とユニオン・ショップ協定やチェック・オフ協定を結んでいることが多い。

ユニオン・ショップ協定とは、その組合の組合員でない者を会社が原則として解雇する旨の協定であり、チェック・オフ協定とは、会社が組合員の組合費相当額を賃金から控除し組合に引き渡す旨の協定である。この二つの協定により、労働組合は、入社した労働者を組合員として確保し、組合費を確実に徴収することができるようになる。日本の労働組合運動の組織的・財政的な基盤は、この二つの協定を通じた会社側の協力によって成り立っているといえる。

もっとも、法的には、ユニオン・ショップ協定は、他の組合に加入している者には及ばない(他組合員の団結権を侵害するものとして他組合員に対しては無効とされる〔三井倉庫港運事件・最高裁一九八九年一二月一四日判決〕)。また、チェック・オフ協定については、組合員がチェック・オフの中止を申し入れれば会社はすぐにこれを取りやめなければならない(組合員は組合費の支払委任をいつでも解除できる)と解されている(エッソ石油事件・最高裁一九九三年三月二五日判決)。

3　団体交渉と労働協約

団体交渉拒否の禁止

労働組合法は、憲法二八条の団体交渉権の保障を具体化する形で、使用者が労働組合との団体交渉を正当な理由なく拒否することを不当労働行為の一類型として禁止している(七条二号)。使用者は、多数組合であれ少数組合であれ、企業内組合であれ企業外の地域合同労組などであれ、その労働者が加入する労働組合から団体交渉を申し入れられた場合には、原則としてそれに応じなければならない。

この使用者の団体交渉義務は、単に形式的に交渉のテーブルに着くだけでなく、合意達成を模索して誠実に交渉をすることを要求するものである。この義務は誠実団交義務と呼ばれている。具体的には、単に自分の主張を述べるだけでなく、自らの主張の根拠を具体的に説明したり必要な資料を提示するなど、誠意ある対応をとることが求められている。

団体交渉の対象となる義務的団交事項は、団体交渉による労働条件対等決定の促進という労働組合法の趣旨(一条一項参照)に照らし、①労働条件その他の労働者の待遇、および、②労使関係の運営事項であって、使用者に決定権限のあるものと広く解されている。

労働協約

労働組合と使用者は、団体交渉などを通じて労働条件等について合意に達すると、労働協約を締結することが多い。この労働協約には、書面に作成し、両当事者が署名または記名押印するという様式を満たすことを条件に、労働契約を規律する効力(いわゆる規範的効力)が認められている(労働組合法一四条、一六条。四四頁以下参照)。例えば、賞与の額について、就業規則と労働契約には月給の二か月分、労働協約には月給の二・五か月分と書かれていた場合、労働協約の規範的効力によって、就業規則と労働契約の月給の二か月分という定めは無効となり、労働契約の内容は月給の二・五か月分に修正されることになる。

労働協約の規範的効力をめぐる解釈上の重要な問題は、労働協約によって労働条件を不利益に変更することができるかという点にある。会社が一方的に変更することができる就業規則とは異なって、労働協約の場合、労働組合との合意という重要なステップを経ている。したがって、就業規則による不利益変更の場合には、原則として反対する労働者には変更を強制できないが、例外として周知と合理性があれば拘束力をもつ（労働契約法九条、一〇条。四八頁以下参照）のに対し、労働協約は、不利益な変更であっても原則として規範的効力をもち、労働者を拘束すると解釈されている（朝日火災海上保険〔石堂〕事件・最高裁一九九七年三月二七日判決）。

もっとも、これにも限界はある。①既に具体的に発生した個人の権利の処分など組合員個人の権利性が強いものを処分する決定、②特定層の組合員をことさら不利益に取り扱うなど労働組合の本来の目的を逸脱する措置、③組合大会での承認など組合規約に定められた民主的手続を踏まないで労働協約が締結された場合には、それぞれ例外的に規範的効力が否定され、これに反対する組合員を拘束できないと解釈されている。

労働協約の規範的効力は、原則として、労働協約を締結している労働組合の組合員にのみ及ぶ。しかし、労働組合法は、その例外として、労働協約が一つの工場事業場の同種の労働者の四分の三以上に適用されるに至った場合には、他の同種の労働者にもその労働協約が拡張して適用されるとしている（一七条）。例えば、ある事業場の労働者の七五％以上を組織している多数組合と会社の間で締結された労働協約は、その労働組合に加入していない労働者にも拡張適用され、その事業場の労働条件を統一的に定めるものとなりうる。もっとも、他の労働組合（少数組合）に所属している労働者については、少数組合にも保障されている団体交渉権を実質的に侵害することになることから、拡張適用は及ばないと解釈されている。また、労働組合に属していない労働者についても、労働組合の意思決定に関与できる立場にないことなどから、その労働協約を適用することが著しく不合理であると認められるような特段の事情がある場合には、例外的に拡張適用はないとされている(朝日火災海上保険〔高田〕事件・最高裁一九九六年三月二六日判決)。

4　団体行動権の保障

正当な団体行動に対する法的保護

憲法二八条は、労働者に労働組合を作る権利(団結権)、労働組合を通じて使用者と交渉する権利(団体交渉権)と並んで、労働者に集団で行動する権利(団体行動権)を保障している。

この団体行動権の保障の効果として、労働者の正当な団体行動に対しては、大きく三つの法的保護が与えられている。①刑法上犯罪とされる行為(例えば不退去罪や器物損壊罪)であっても罰せられないという刑事免責(労働組合法一条二項参照)、②民法上債務不履行や不法行為として損害賠償の対象となる行為であっても損害賠償の責任を負わないという民事免責(同法八条参照)、③その行動を理由として解雇、配転、懲戒処分など不利益な取扱いをしてはならないという不利益取扱いの禁止(同法七条一号、民法九〇条参照)である。

この法的保護を受けられるかどうかの鍵となるのが、団体行動の「正当性」である。この正当性の判断基準については、団体行動のうち、ストライキなどの争議行為とその他の一般的な組合活動とに分けて考えることができる。

争議行為の正当性

争議行為とは、団体交渉において要求を貫徹するために使用者に圧力をかける労務不提供を中心とした行為のことをいい、労務提供をやめるストライキや他の労働者や顧客の入構を阻止しようとするピケッティングなどの形をとる。これについては、「団体交渉のための圧力行為」といえるかどうかを大きなポイントとして、その正当性が判断される。例えば、団体交渉の当事者でない組合員の一部が組合全体の意思に基づかずに行う「山猫スト」は主体の点で正当性が認められず、義務的団交事項にあたらない政治的な主張を行うための「政治スト」は目的の点で正当性が認められない。また、そもそも、団体交渉を経ないで行われるストライキは、団体交渉のための圧力行為とはいえず、手続の点で正当性が否定される。

争議行為の態様の面では、労働者の権利（団体行動権）と使用者の権利（営業の自由、財産権）との調和が求められ、言論による平和的説得を超える態様のもの、例えば、実力行使を伴うピケッティングや職場に座り込んで他の者の立入りを妨害する排他的職場占拠などには、正当性は認められないと解釈されている（朝日新聞社事件・最高裁一九五二年一〇月二二日判決など）。

組合活動の正当性

いわゆる戦時にあたる団体交渉の際の争議行為とは異なり、通常時のビラ配り、組合バッジの着用など一般の組合活動については、団体交渉のための圧力行為という限定がないため、その主体、目的の点では、より広く正当性が認められる。例えば、労働組合の意思（多数派による承認）に基づかない組合内少数派の行動（例えば組合執行部を批判するビラの配布など）であっても、労働組合の民主的意思形成に必要なものであれば、正当性が認められうる。また、組合活動の目的は義務的団交事項に限定されず、労働者の地位の向上のために行う活動、例えば最低賃金法改正を支援するビラ配りなどであれば、政治や行政に対する主張を含む活動であっても、広く正当性が認められうる。

しかし、組合活動の態様の点では、①誠実労働義務など労働契約上の義務に違反しない、②

使用者の施設管理権による規律に服するなど、より厳しい基準で正当性が判断されている。例えば、勤務時間中の組合活動は、①の点で原則として正当性を欠くものとされ、また、使用者の許諾なく企業施設を利用して行う組合活動は、②の点で原則として正当性を欠くものとされている（国鉄札幌運転区事件・最高裁一九七九年一〇月三〇日判決）。この二つの限定に抵触しない形で行われる組合活動、すなわち、勤務時間外に企業施設外で行われる街頭宣伝活動などには、広く正当性が認められる。もっとも、経営者につきまとって至近距離から拡声器で要求を繰り返すなど、使用者を含む市民の私的自由・権利を不当に侵害する態様のものには、正当性は認められない。

使用者の争議対抗行為（ロックアウト）の正当性

使用者には、労働者の争議行為に対抗する手段として、代替労働者を雇用するなどの方法をとって操業を継続する自由が認められる（憲法二二条参照）。使用者は、これ以外に、労働者の労務提供を集団的に拒否すること、すなわち、ロックアウトをし、組合員たちに賃金を支払わないという方法をとることができるか。

この点について、最高裁判所は、労使を対等な立場に立たせる「公平」の原則からすれば、力関係において優位に立つ使用者に労働者と同様の争議権を認める必要はないが、労使間の均衡を保つ「衡平」の原則からすれば、労働者の争議行為によって労使間の勢力の均衡が破れ、使用者が著しく不利な圧力を受けている場合には、労使間の勢力の均衡を回復するための対抗防衛手段として、使用者側の争議行為としてのロックアウトにも正当性が認められる、つまり、組合員に対する賃金支払義務を免れうるとの立場に立っている（丸島水門事件・最高裁一九七五年四月二五日判決）。

5　不当労働行為の禁止

不当労働行為の基本類型

正常な労使関係の下で公正かつ円滑に団体交渉が行われるようにするには、どうしたらよいのか。労働組合法は、そのために、労働組合や組合員に対する使用者の不公正な行為を禁止する不当労働行為制度を定めている。

禁止される不当労働行為の基本類型としては、①組合員であることや正当な組合活動をしたことを理由として不利益な取扱いをすること（不利益取扱い〔労働組合法七条一号・四号〕）、②団体交渉を正当な理由なく拒むこと(団交拒否〔同条二号〕)、③労働組合の結成や運営を支配しこれに介入すること(支配介入〔同条三号〕)の三つがある。

例えば、労働者が組合員として活動をしたことを理由に解雇、配転、低査定などをすることは不利益取扱い(一号)にあたり、労働組合からの団体交渉の申入れに対し誠実な態度で対応しないことは団交拒否(二号)にあたる。また、労働組合から脱退するように組合員に圧力をかけたり、組合員を威嚇するような発言をすることは、組合弱体化行為として支配介入(三号)に該当しうる。

使用者の一つの行為が、複数の類型の不当労働行為に同時にあたることもある。例えば、労働組合が複数存在するなかで一方の労働組合に対し差別的取扱いをすることは、不利益取扱い(一号)にあたると同時に、組合弱体化の支配介入(三号)にも該当しうる。

不当労働行為の法的救済

不当労働行為の法的救済としては、裁判所による救済のほかに、労働委員会による救済という方法が設けられている。

不当労働行為を受けた労働組合や労働者は、裁判所に訴えて、救済を求めることができる。

これに対し、裁判所は、当事者間の権利義務関係に基づいて判決や決定を下す。例えば、①正当な組合活動に対する解雇(不利益取扱い)については、解雇の無効と労働契約上の権利を有する地位の確認、解雇期間中の賃金の支払い、②正当な理由のない団交拒否に対しては、団体交渉を求める権利を有する地位の確認、③組合を弱体化する行為(支配介入)に対しては、不法行為としての損害賠償の支払いなどが命じられる。

不当労働行為のもう一つの救済機関である労働委員会は、各都道府県知事のもとに置かれる都道府県労働委員会と、厚生労働大臣のもとに置かれる中央労働委員会とからなる。不当労働行為に対する救済申立ては、通常の場合、まず都道府県労働委員会に対してなされ、都道府県労働委員会の命令に不服がある当事者は、中央労働委員会に再審査の申立てをすることができる。このように、労働委員会については二審制がとられている。

労働委員会は、労使関係の専門家から構成される独立行政委員会であり、その専門性ゆえに、個々の事案に応じて適切な救済命令を柔軟に発する裁量権が認められている。例えば、①不利益取扱いにあたる解雇については、原職復帰命令とバックペイ(解雇期間中の賃金相当額の支払い)命令、②団交拒否に対しては、誠実交渉命令、③支配介入に対しては、支配介入行為の禁止命令、ポスト・ノーティス(文書の掲示)命令などが発せられることが多い。なお、労働委員会の命令は一種の行政処分であり、これに不服のある当事者は、命令の取消しを求めて行政訴訟を提起することができる。

6　企業別労働組合をどう考えるか

企業別労働組合とその強み

日本の労使関係の最大の特徴は、労働組合の主たる基盤が企業のなかにあるという企業別労働組合の形態をとっている点にある。日本の労働法は、労働組合の規模や組織レベルについて中立的な態度をとっており、企業の外に基盤をもつ産業別労働組合や全国レベルの労働組合を作ることも可能とされている。しかし日本では、労働者自身が、長期雇用慣行を中心とした日本的雇用システムやそれと結びついた内部労働市場とあわせて、企業別労働組合を形作っていった。

この分権的な労働組合・労使関係は、社会状況が多様化し市場や技術が急速に変化するなかで、集権的な産業別・全国的な労使関係に比べて、変化への柔軟で迅速な対応を可能とするという強みをもっている。伝統的に集権的に組織されていたヨーロッパの労使関係が、近年徐々に企業レベルに分権化を進めていっている動きは、この日本の労使関係の強みを示すものともいえるだろう。

企業別労働組合の弱み

しかし、日本の労使関係には根本的な弱みもある。

第一に、企業という狭い範囲で組織されているために相対的に交渉力が弱く、とりわけ競争が激しくなったときには、企業と協調的になって企業の組織防衛や企業共同体の一部としての労働者の利益擁護に走る傾向があることである。ヨーロッパの労働組合が、そもそも企業を超えたレベルで組織され、企業間競争に対して最低賃金や最長労働時間の設定といった公正な競争条件を設定する機能をもつものとして生まれたこととは対照的な状況が、日本にはあるのである。

第二に、日本の企業別労働組合は、その企業の正社員を中心として組織されており、正社員以外の労働者の利益を十分に擁護できていないという問題もなお内包している。企業間競争が激しくなるなかで生じている過重労働問題や正社員と非正社員間の格差問題は、日本の労使関係の構造に起因して発生した問題ともいえる。

もっとも、日本の労働組合も、この弱みを克服しようとする動きをみせている。例えば、春闘による企業レベルを超えた労働運動の展開や、連合による全国レベルでの政策参加は、産業レベルや全国レベルでの労働条件の調整・改善を図ることによって、分権的な労使関係に内在する問題を克服しようとする動きということができる。

しかしなお、企業レベルに基盤をもつ日本の労働組合・労使関係の弱みは解消されてはいない。企業レベルの労使関係の強みを生かしつつ、それと並行して、産業レベルや全国レベルでの労使関係の基盤を作り上げること、とりわけ、産業や地域のレベルで労使の話合いの場を作り、産業や地域の実態にあった公正競争条件の設定や柔軟な労働社会政策の展開に労使が参画する枠組みを築いていくことが、日本の労使や政府に課された課題といえる。

第7章　労働力の取引はなぜ自由に委ねられないのか

労働市場をめぐる法

一九八五年、阪神タイガースが優勝した。バース、掛布、岡田が、巨人の槙原から三者連続で、甲子園のバックスクリーンにホームランを叩きこんだ。日本シリーズでは、広岡監督が率いる西武を四勝二敗で退けた。ワールドシリーズでも投げたことがあるゲイルが、なんともいえないピッチングをした。高校三年生だった私は、受験勉強の手を休めて、テレビをみながら歓喜した。

その年の八月、御巣鷹山に日航機が墜落する事故が起きた。その一か月前の七月には、国会で労働者派遣法が成立した。高校生だった私は、そのとき労働者派遣法のことは何も知らなかった。しかし、もしかしたらそのとき、労働法のパンドラの匣《はこ》が開かれたのかもしれない。開かれた匣の蓋が急いで閉じられることはなく、希望も外へ飛び出していった。

1　なぜ労働市場には規制が必要か

契約自由の原則によれば、だれがどのような形で労働契約を締結するか、それを仲介するためにだれがどのような形で介入するかは、基本的に当事者の自由とされる。しかし、労働契約の締結に他人が介入すること、とりわけ当事者の間に入ってお金を儲けようとすることは、これまでの歴史のなかで社会的な弊害を生み、法規制の対象とされてきた。

職業紹介事業と労働者供給事業の禁止

日本の歴史を振り返ると、江戸時代には口入屋《くちいれや》、人宿《ひとやど》、明治時代には募集人と呼ばれる業者が人を集めて労働者として送り出すという商売が登場した。これらの仲介業者は、紹介料を手に入れ、また労働者への給金の一部を懐に入れて、儲けをあげていた。

しかし、明治から大正にかけて日本でも工場が急増し、労働者の獲得競争が激しくなると、この商売の弊害が大きくなる。業者のなかには、誘拐や人身売買同様の方法で人を集め、工場や寄宿舎に閉じ込めて強制的に働かせ、その賃金の一部を搾取するという者が出てきたのである。そこで、一九二一年の職業紹介法や一九四七年の職業安定法は、人を集めて労働者として送り出すことでお金を儲ける職業紹介事業や労働者供給事業を禁止した。

労働者派遣事業と職業紹介事業の解禁

しかし、一九七〇年代後半以降、この商売が形を変えて復活する。アメリカのマンパワー社の日本法人(マンパワー・ジャパン)が設立され、事務処理業務の外部委託を受ける事業が日本でも広がりをみせたのである。そこで問題となったのが、この新たなビジネスは職業安定法が禁止する労働者供給事業にあたらないかであった。

そこでは、仲介業者である派遣会社が派遣先から得たお金の一部を儲けとして手に入れるという中間搾取の弊害はそのまま残っていた。しかし、人材派遣業をビジネスとして発展させ、必要な人を必要なところに円滑に配置するニーズも高まっていた。そこで、当時の政府は、「労働者供給」事業の一部を「労働者派遣」事業と位置づけ、一定の専門的業務に限定して、その禁止を解くこととした。一九八五年に成立した労働者派遣法である。その後、この法律は改正を重ね、派遣が可能な業務が拡大されていく。一九九九年改正では、派遣可能業務を原則として自由化し、列挙された一定の業務のみ派遣が禁止されるものとされ、さらに二〇〇三年改正では、工場などの製造業務にも派遣が解禁された。

また、これと並行して、一九九七年には職業安定法施行規則が改正され、それまで一定の職業についてのみ例外的に認められてきた職業紹介事業が、港湾運送業務と建設業務を除き、原則として自由化された。

このように、労働者派遣事業と職業紹介事業は、次に述べるような一定の法規制のもとで、民間にも解禁された。民間部門の知恵や工夫により、必要な労働者を必要なところに円滑に配置・移動させる機能を営むことが期待されたのである。もっとも、このこと、とりわけ労働者派遣事業の解禁と拡大は、後に述べるように、深刻な社会問題を生むことにもなった(一九九頁以下)。

2　雇用仲介事業の法規制

職業紹介事業の法規制

職業紹介とは、求人者と求職者からそれぞれ求人と求職の申込みを受け、両者の間に立って労働契約の成立をあっせんすることをいう(職業安定法四条一項)。企業(求人者)に紹介するために求職者を探して契約締結をあっせんするヘッドハンティングや、余剰人員を抱える企業から依頼を受けて転職先を探し転職をあっせんするアウトプレースメントも、これに含まれる。求人情報誌や求人情報ウェッブサイトで単に求人情報を提供するだけの行為は、労働契約の締結をあっせんするものとはいえず、職業紹介にはあたらない。

この職業紹介を事業として営む主体として、国が所轄する公共職業安定所（いわゆる「ハローワーク」）と、民間の職業紹介事業がある。職業安定法は、職業紹介が適切な形で実施されるように、①職業選択の自由の尊重（二条）、差別的取扱いの禁止（三条）、労働条件等の明示（五条の三）、個人情報の保護（五条の四）、求職求人受理の原則（五条の五、五条の六）、適職紹介の原則（五条の七）といった国と民間事業者に共通する基本的なルールと、②許可制（三〇条以下）、手数料規制（三二条の三）などの民間事業者に対する一定の規制を定めている。

労働者派遣事業の法規制

職業安定法は、現在でも、労働者供給事業を行うことを懲役または罰金の罰則付きで禁止している（四四条、六三条、六四条）。自分が抱える労働者を他人に供給して働かせることを認めると、親方（ボス）による強制労働や中間搾取の危険が生じるからである。

もっとも、労働者派遣法は、この労働者供給のうち、「労働者派遣」という形態を取り出して、これを事業として行うことを、同法の規制の下で適法とした。同法は、この労働者派遣を、自分が雇用する労働者を他人の指揮命令下でその他人のために働かせることと定義している（二条一号）。具体的には、派遣会社と労働者が労働契約を結び、その労働者が派遣先に派遣されて派遣先から指揮命令を受けながら働く形態のことをいう。

労働者派遣事業は、法令上列挙された業務（港湾運輸、建設、警備、医療関連）以外のすべての業務について、厚生労働大臣の許可を受けたうえで行うことができる（五条以下）。かつては、常時雇用する労働者のみを派遣している派遣会社（特定労働者派遣事業）は届出制、登録型の派遣労働者をも派遣している派遣会社（一般労働者派遣事業）は許可制の下に置かれていたが、二〇一五年の労働者派遣法改正により、両者の区別を廃止してすべての労働者派遣事業をより厳しい許可制の下に置き、労働者派遣事業の健全化を図ることとした。

このほか、労働者派遣法は、就業条件等の明確化（二六条一項、三四条）、有期雇用派遣労働者についての派遣期間の制限（三五条の三、四〇条の二、四〇条の三）と雇用安定措置（三〇条一項・二項）、違法派遣の場合の派遣先による労働契約申込みみなし（労働者が希望すれば派遣先との間で労働契約が成立する〔四〇条の六〕）、労働関係法規上の責任の遵守（四四条以下）などの規制を定めている。また、二〇一八年の働き方改革関連法による労働者派遣法改正により、派遣労働者と正社員との待遇格差の是正を図るために、不合理な待遇の違いの禁止（三〇条の三第一項、三〇条の四）、差別的取扱い（不利な取扱い）の禁止（三〇条の三第二項）、待遇の相違の内容と理由の説明義務（三一条の二第四項）が定められたことは、前述した通りである（一一〇頁以下）。

3　雇用政策法

労働市場法といわれる法分野は、①ここまでみてきた職業紹介事業や労働者派遣事業など雇用仲介事業の法規制と、②雇用の促進・援助のためのいわゆる雇用政策法の大きく二つの柱からなる。

このうち、政府による雇用の促進・援助措置である雇用政策法は、さらに次の大きく二つのタイプのものに分類されうる。一つは、雇用のセーフティネットを整備して働けなくなったときの生活を保障するいわゆる消極的労働市場政策であり、もう一つは、より積極的に雇用を創り出したり維持しようとする積極的労働市場政策である。

消極的労働市場政策——失業手当

消極的労働市場政策としては、国が所管する雇用保険による失業手当としての求職者給付がある。これは、国が労使から保険料を徴収し、失業状態にある被保険者に一定期間給付を行うものである。求職者給付の中心となる基本手当の日額は、離職前の賃金日額の五〇％から八〇％(賃金日額が低いほど給付率は高くなる)とされる。給付日数は、年齢、被保険者期間の長さおよび離職理由に応じて、**表4**のように定められている。

積極的労働市場政策——雇用保険二事業など

政府は、積極的労働市場政策として、①雇用保険二事業(雇用保険法六二条以下)、②職業能力開発の援助(職業能力開発促進法)、③高齢者、障害者等の雇用促進(高年齢者雇用安定法、障害者雇用促進法など)、④雇用保険による職業訓練給付・雇用継続給付(雇用保険法六〇条の二以下)などの政策を実施している。

なかでも、雇用保険二事業は、政府が会社(事業主)から徴収した保険料(労働者負担分はなし)を財源に、雇用の安定を図る雇用安定事業と労働者の能力開発を援助する能力開発事業の二事業を行うものである。雇用安定事業の代表例は、雇用調整助成金の支給である。景気変動

表4　求職者給付(基本手当)の給付日数

【一般の離職者(定年退職，自己都合退職等)】

離職日における年齢	被保険者期間		
	10年未満	10年以上20年未満	20年以上
65歳未満	90日	120日	150日

【倒産・解雇等による離職者】

離職日における年齢	被保険者期間				
	1年未満	1年以上5年未満	5年以上10年未満	10年以上20年未満	20年以上
30歳未満	90日	90日	120日	180日	—
30歳以上35歳未満		120日	180日	210日	240日
35歳以上45歳未満		150日	180日	240日	270日
45歳以上60歳未満		180日	240日	270日	330日
60歳以上65歳未満		150日	180日	210日	240日

【就職が困難な者(障害者等)】

離職日における年齢	被保険者期間	
	1年未満	1年以上
45歳未満	150日	300日
45歳以上65歳未満		360日

などで事業活動の縮小を余儀なくされた事業主が、一時的に休業を行うなどの方法で従業員の雇用を守るための措置を講じた場合に、労使協定の締結を条件に、政府が支給するもの(例えば中小企業には休業手当相当額の三分の二、中小企業以外は二分の一)である。能力開発事業としては、事業主が行う職業訓練の助成、公共職業訓練施設の設置・運営などがある。

市場はときに近視眼的になりやすく、また、市場からの脱落者に事後的救済(セーフティネット)を提供するだけでは失業の長期化・固定化がもたらされるという問題点もある。このような問題点を克服するためには、政府の役割を安易に消極的労働市場政策のみに限定しようとせず、中長期的な視点から労働者の能力の底上げを図っていく積極的労働市場政策の機能と役割を改めて確認すべきであろう。

4 日本の労働市場法をめぐる課題

日本の労働市場法の課題について、二点だけ述べておこう。

労働者派遣をどう考えるか

一つは、労働者派遣事業をめぐる課題である。とりわけ、製造業への派遣が解禁された後、派遣労働者の処遇の低さと雇用の不安定さが深刻な社会問題となった。

この点について、歴史は、工場など大規模に労働者を必要とするところに労働者を送り込んでお金を稼ぐことを容認すると、社会的に弊害が生じることを教えてくれている。しかし、その弊害の内容は、昔と今とではすこし異なっている。現在の労働者派遣をめぐる問題は、辞めたいのに辞められないという昔のような強制労働の弊害ではなく、働きたいのに切られてしまうという雇用の不安定さと、懸命に働いても十分な生活ができないという処遇の低さにある。

これらの問題については、近年の法改正で一定の対応がなされた。二〇一五年の労働者派遣法改正では、無期雇用派遣と有期雇用派遣とが区別され、雇用が不安定な有期雇用派遣労働者については、派遣先の同一組織単位に継続して派遣できる期間を三年とする期間制限、同一組織単位の業務に三年間従事した際に派遣元がとるべき雇用安定措置（派遣先での直接雇用、新たな派遣先への合理的な条件での派遣、派遣元での無期雇用等のいずれかを講じること）などが定められた。また、二〇一八年の働き方改革関連法では、非正規労働者の待遇改善の一環として、正社員との不合理な待遇の違いの禁止など派遣労働者の待遇改善を図るための諸規定が定められた。これらの改革によって、派遣労働者の雇用の安定や待遇の改善が実際に図られていくのか、その施行状況を注視することが重要である。さらに、正社員自身の雇用と処遇のあり方や、今後増加することが予想される業務請負労働者など独立自営的な労働者の状況も視野に入れながら、広く労働者全体でのバランスのとり方を考えることも必要である。景気が後退期を迎え雇用状況が悪化するなど問題が一気に顕在化する前に、多様な社会実態にあったセーフティネットを築いておくことが、重要な政策課題といえる。

労働者の教育訓練をどうするか

もう一つの課題は、どのようにして労働者のスキルアップを図り、日本全体の労働生産性や経済的活力を向上させていくかである。そもそも、長期雇用慣行を中心とする日本の雇用システムでは、それぞれの企業のなかに労働者（正社員）が抱え込まれ、企業内での訓練（ＯＪＴ）により労働者の育成が図られる傾向が強かった。

しかし、労働市場の状況が大きく変化し、企業内での教育訓練システムが十分に機能しなくなったり、企業内訓練の対象とされてこなかった非正社員の数が増えてくると、これまで通りのシステムでは、労働者の能力を十分に育てていくことができなくなっていく。とはいえ、国が企業に代わって労働者の教育訓練を直接行おうとしても、全国共通の画一的なカリキュラムやマニュアルでは、多様で高速化する市場や技術の変化に対応した教育を実践することは難しい。

このような状況に照らすと、企業や地域など労働や産業の現場に近いところで労使の知恵や工夫を活かしながら労働者の教育訓練を計画的に行い、政府がそれを制度的に促していくという視点が重要になってくる。このような視点を政策のなかに取り込んできた欧米諸国の取組み（その成功例や失敗例）を参考にしながら、日本でも労働市場政策のあり方を見直していくことが、これからの重要な課題といえよう。

第8章
「労働者」「使用者」とは誰か
労働関係の多様化・複雑化と法

二〇一一年四月一二日、日本の労働法を揺るがしかねない出来事があった。労働委員会(それを理論的に支える労働法学者)と裁判所(の一部の裁判官)との戦いに、一つの決着がつけられたのである。

舞台に出ているオペラ歌手は労働者か。業務委託契約で製品のメンテナンスを行うカスタマーエンジニアに労働組合法の適用はあるのか。労働委員会はいずれも労働者だと認め、労働組合法の適用があるものとした。これに対し、オペラ歌手については東京地裁と東京高裁が、カスタマーエンジニアについては東京高裁が、労働者であることを否定し、会社(法人)はこれらの人が加入する労働組合と団体交渉をする義務を負わないと判断した。この戦いは、労働の実態を重視してその働き方からすれば労働者に他ならないと主張する多くの労働法学者と、契約形式を重視して契約上一定の自由や裁量を認められた独立した業務受託者だと判断した一部の裁判官との解釈論争ともいえる現象を巻き起こした。

東日本大震災から約一か月が経過した同日、最高裁判所の第三小法廷は、労働の実態を重視して労働者性を判断すべきとの見解を全員一致で示し、労働委員会に軍配をあげた。日本の労働法学を牽引し、中央労働委員会会長として両事件の上告人となっていた菅野和夫の完勝であった。日本の労働法学は揺るがなかった。

1　労働関係が多様化・複雑化するなかで

労働法の範囲が問われる

そもそも、労働法が誕生し発展していった時代には、工場で集団的に働いている労働者が典型的な労働者の姿であり、それをモデルとして労働法は形作られていった(八頁以下参照)。しかし今日では、従来の工場労働者とは異なり、裁量労働者、在宅労働者など働く時間や場所に縛られない労働者や、派遣労働者、フリーランサー、クラウドワーカーといった特定の企業に縛られない労働者など、さまざまな形態の労働者が出現している。また、会社の側にも、分社化や派遣・請負企業などの外部企業の利用により生産現場のネットワーク化を進めたり、持株会社化や他社との合併・業務提携などにより中枢部分の集中化を進めるなど、企業形態が細分化したり複雑に入り組んだりする事態が生じている。

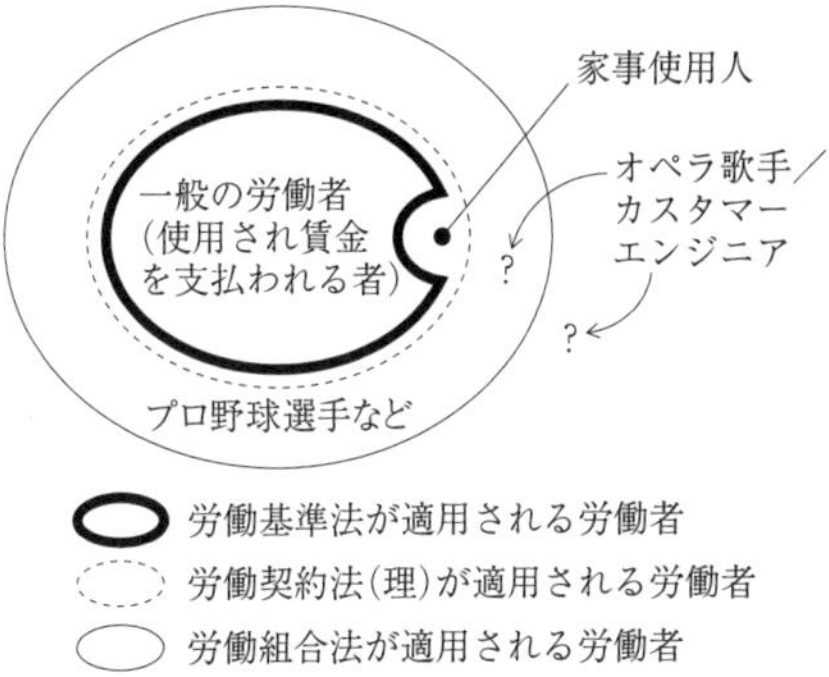

図4　労働法上の「労働者」概念

このような労働関係の多様化・複雑化のなかで、労働法はどこまで広がりをもって適用されるのか。その境界はどのような基準で線引きされるのか。社会の変化のなかで、労働法の根幹にかかわる重要な問題が提起されている。

この問題を考えるうえでは、法律学における概念の相対性という点に注意しなければならない。例えば、同じ「労働者」という言葉が使われているとしても、①労働基準法上の労働者と、②労働契約（法）上の労働者と、③労働組合法上の労働者では、内容が異なる可能性がある。それぞれの法律は、その背景にある趣旨・目的が異なるため、その適用対象となる「労働者」の範囲も異なるものとなりうるのである(図4参照)。法的に責任を追及することができる相手方は誰かを決める「使用者」という概念についても、同様のことがいえる。それぞれ、法の趣旨に立ち返りながら、今日の社会における「労働者」と「使用者」概念の射程について、具体的にみていくことにしよう。

2 「労働者」——労働法の適用範囲

その人に労働法が適用されるのかどうかを決めるための概念として、「労働者」という概念がある。これには、①労働基準法をはじめとする労働関係法規(男女雇用機会均等法、最低賃金法、労働安全衛生法、労働者災害補償保険法、育児介護休業法、労働者派遣法、雇用保険法など)の適用範囲を決める労働基準法上の労働者、②労働契約をめぐる判例法理およびそれを明文化した労働契約法の適用対象を決める労働契約(法)上の労働者、③労働組合法の適用対象を決める労働組合法上の労働者の三つがある。

労働基準法上の労働者

労働基準法は、職業の種類を問わず事業に「使用される者で、賃金を支払われる者」を労働者と定義している(九条)。ただし、この労働者にあたる場合でも、①同居の親族のみを使用する事業の労働者、例えば家族経営で同居の家族のみで行っている事業の労働者と、②家事使用人には、労働基準法の適用はないとされている(適用除外(一一六条二項))。

労働基準法上の労働者性を判断するうえで重要なポイントとなるのは、(A)「使用」性、つまり、使用者の指揮命令を受けて働いていることと、(B)「賃金」性、すなわち、労働の対償として報酬を得ていること(一一条参照)の二点である。この点を具体的に判断するために、裁判所は、(A)「使用」性について、①仕事の依頼に対して諾否の自由がないか、②業務遂行上指揮監督を受けているか、③就業の時間や場所の拘束があるか、④他人によって代替させることができないか、(B)「賃金」性について、⑤報酬額が労務提供の時間の長さ(残業時間の長さなど)に応じて決まっているか、(C)その他の考慮要素として、⑥機械・器具などを会社から提供され、報酬が高額でないなど事業者性が薄いか、⑦他社での就業が禁止されるなど専属性が強いか、⑧給与所得の源泉徴収や社会保険料の控除など公租公課の負担の面で労働者として扱われているか、といった点を総合的に考慮して、労働者にあたるかを判断している。

例えば、最高裁判所の判決では、トラック持込みのいわゆる傭車運転手について、業務遂行上具体的な指揮監督を受けておらず（②）、報酬は労働時間の長さにかかわらない出来高制で（⑤）、自己所有のトラックを使い必要経費等も自己で負担しており（⑥）、所得税の源泉徴収や社会保険料の控除もない（⑧）という事情を考慮して、労働者性を否定したもの（横浜南労基署長〔旭紙業〕事件・最高裁一九九六年一一月二八日判決）、月額六万円の奨学金等を得て大学病院で臨床研修をしていた研修医については、指導医による指示や就業時間・場所の拘束があり（②・③）、病院から奨学金等が支給され給与所得として源泉徴収もなされていた（⑧）という点を考慮して、労働者性を肯定したもの（関西医科大学研修医〔未払賃金〕事件・最高裁二〇〇五年六月三日判決）がある。

なお、ここで忘れてはならないのは、これらの事情の判断は、契約上の定め（形式）ではなく、実質的な事情（実態）に基づいて行わなければならないことである。そもそも、労働基準法を含む労働関係法規の多くは、当事者の意思（合意）にかかわらず守られなければならないという強行的な性格をもっている（四一頁以下参照）。この強行法規の適用にあたって当事者の合意や契約の形式を重視することは、当事者の意思や操作によって容易に強行法規の適用をかいくぐることができることにつながり、法の基本的な性格に反する。したがって、例えば、仕事の依頼に対する諾否の自由の有無（①）や専属性の強さ（⑦）は、契約上の文言ではなく、実態に即して判断しなければならない。また、公租公課についての取扱い⑧という当事者が操作しやすい事情は、労働者性の判断において本来は重視されるべきでない。

労働契約(法)上の労働者

第2章以降述べてきたように、日本の裁判所が判決の積み重ねのなかで作り出してきた法理として、就業規則法理、解雇権濫用法理、雇止め法理、採用内定法理、配転・出向法理、懲戒権濫用法理などの判例法理がある。二〇〇七年に制定された労働契約法は、これらの労働契約法理の一部を法律上明文化している。

これらの法理が適用される労働契約(法)上の労働者を、労働契約法は、「使用者に使用されて労働し、賃金を支払われる者」と定義している(二条一項)。この定義は、「使用」性と「賃金」性によって労働者性を定義している点で、労働基準法上の労働者性と基本的に同一のものと考えられている。したがって、右に述べた労働基準法上の労働者性の判断基準が、労働契約(法)上の労働者性についてもそのままあてはまることになる。ただし、労働契約法は、同居親族のみを使用する使用者の労働契約は適用除外としているが、家事使用人については適用除外としておらず(二一条二項)、労働基準法が適用されない家事使用人にも、労働契約法(理)の適用はありうる。そのため、例えば解雇の際には解雇権濫用法理が適用されうる。

労働組合法上の労働者

労働組合法は、同法の適用対象となる労働者を、職業の種類を問わず「賃金、給料その他これに準ずる収入によつて生活する者」と定義している(三条)。

この労働組合法上の労働者概念は、①使用者に現に使用されていること(「使用」性)が問われていないこと、②報酬の面でも厳密な意味での「賃金」性は問われず、賃金などに準ずる収入によって生活する者(「給料等生活者」)であれば足りるとされている点で、労働基準法より広いものとされている。この違いは、労働基準法と労働組合法の趣旨の違いに由来する。すなわち、労働基準法は、人的な従属関係(「使用」性)のもとに置かれる労働者を対象に、使用者に賃金の通貨・直接・全額・一定期日払いなどの具体的な作為や、法定基準を超える労働をさせないといった不作為を命じている。それとは異なり、労働組合法は、経済的に弱い地位にある労働者に団結活動や団体交渉を行うことを認めて、対等な立場での労働条件の決定を促そうとするものである。この法の趣旨(一条一項参照)から、法が適用される労働者かどうかを判断する際には、主として、使用者より経済的に弱い地位にあるという経済的従属性が求められ、労働基準法のように厳密な意味での人的従属性（「使用」性）は要求されていないのである。

この点を考慮して、二〇一一年四月一二日の最高裁判決は、①労働者が事業組織に組み入れられているか、②契約内容が使用者により一方的に決定されているか、③報酬が労務の対価（賃金に準ずる収入）としての性格をもつかという労働者の経済的従属性を基礎づける事情を考慮しつつ、これに、④業務の依頼の応じるべき関係、⑤指揮監督関係の存在という事情も考えあわせて、労働組合法上の労働者性を判断するという枠組みを提示した。そして、これらの点を判断するうえでは、契約の形式ではなく、労働の実態をもとに判断しなければならないとし、結論として、舞台に出るオペラ歌手や製品メンテナンスを行うカスタマーエンジニアの労働者性を肯定した（国・中労委〔新国立劇場運営財団〕事件判決、国・中労委〔ＩＮＡＸメンテナンス〕事件判決）。

そのほか、運送委託契約による運送業務従事者、プロ野球選手、ＮＨＫ受信料の集金等を行う地域スタッフなどについても、広く労働組合法上の労働者性を認めた裁判例や労働委員会命令がある。コンビニエンスストアの店主（フランチャイズ契約の加盟者）については、現在争いが続いている。

3 「使用者」——労働法上の責任追及の相手

労働法上、会社(使用者)が負う義務や責任にはいろいろなものがある。例えば、賃金支払義務は労働基準法によって基礎づけられており、違法な時間外労働を命じない義務は労働基準法によって課されている。また、労働組合と誠実に団体交渉を行うことは労働組合法によって義務づけられている。これら労働法上のさまざまな義務や責任を負う主体である使用者とは誰なのか。これを明らかにするために、労働法上の「使用者」という概念が用いられている。具体的には、①労働契約上の義務を負う労働契約上の使用者、②労働基準法上の義務や責任を負う労働基準法上の使用者、③労働組合法上の義務を負う労働組合法上の使用者の三つがある。

労働契約上の使用者

労働契約上の義務を負う労働契約上の使用者は、労働者が労働契約を締結している相手方である会社である。しかし、契約を結んでいる会社がペーパーカンパニーで実態がない場合や、会社を裏で実質的に支配し契約責任を免れようとしている者がいる場合など、契約を締結している相手方以外の者に使用者としての責任を追及すべき場合もある（いわゆる「使用者」概念の拡張）。この使用者概念の拡張を認める法技術として、大きく二つの法理がある。

一つは、法人格否認の法理といわれるものである。これは例えば、親子会社のケースで、子会社と労働契約を締結している労働者が親会社の責任を追及する場合などに用いられる。具体的には、①親会社が子会社の株式を所有しているだけでなく、ヒト（人事）・カネ（財務）・シゴト（業務執行）等の面でも子会社を支配・管理し、子会社の法人格が全くの形骸にすぎない場合（法人格形骸型）や、②子会社を背後から支配して労働条件等について具体的に支配・決定する力をもち、その法人格を違法・不当な目的で（例えば組合をつぶすためや解雇規制の適用を免れるために）濫用した場合（法人格濫用型）に、子会社の法人格を否認し、労働者が親会社に直接契約責任を追及することを認めるものである。法的にいうと、親会社等が責任の帰属を否定することを信義則（民法一条二項）上許さないという点が、その根拠とされる。会社法の制定により会社の設立が容易になった分、この法理による法人格の操作や濫用のチェックの必要性は高まっている。

もう一つは、黙示の労働契約成立の法理である。これは例えば、ある会社に雇用されている労働者が他の会社に派遣されて働いている場合に、労働者が派遣先の会社に賃金の支払いなど契約上の責任を果たすことを求める法理として用いられる。ここでは、労働契約の定義(労働契約法六条参照)に沿って、①その会社に「使用されて」、すなわち指揮命令を受けて働き、②その会社から対価として「賃金」の支払いを受けていたことについて、③両当事者に共通の認識(明示または黙示の合意)があったことを証明できれば、労働契約の相手方たる使用者として責任を追及することが可能となる。例えば、労働者派遣の場合には、指揮命令①は派遣先が行い、賃金の支払い②は派遣元が行っていることが一般的であるが、指揮命令①だけでなく、実質的な賃金の額の決定や賃金の支払い行為②を派遣先がやっており、労働者と派遣先の間にこれらの点につき共通の認識(黙示の合意)があるといえる場合には、派遣先を労働契約上の使用者として、賃金支払いなどの労働契約上の義務の履行を求めることが可能となる。

労働基準法上の使用者

労働基準法上の使用者概念としては、同法が求めている責任のタイプに応じて、二つのタイプのものがある。

一つは、労働基準法が設定した労働契約上の責任(一三条参照)を負う使用者である。これは、労働基準法上の基準が労働契約の内容となり、労働契約上の義務としてその責任を負う者であるため、右に述べた労働契約上の使用者概念と一致する。

もう一つは、労働基準法違反の罰則（一一七条以下）の適用や行政監督（九七条以下）の対象となる使用者である。この使用者について、労働基準法は、「事業主」または「その事業の労働者に関する事項について、事業主のために行為をするすべての者」をいうとの定義を定めている（一〇条）。この「事業主のために行為をする者」とは、労働基準法が規制する事項について実質的な権限をもっている者を指す。例えば、時間外労働を命じる権限をもっている課長が同法違反となる残業を部下に命じた場合には、この課長が同法違反の実行行為者として責任を問われることになる（「行為者罰」制度）。これと同時に、事業主にも罰金刑が科されうる（両罰規定〔一二一条〕）。

労働組合法上の使用者

労働組合法上の責任を負う主体としての使用者は、原則として、労働契約を締結している相手方である会社、すなわち、労働契約上の使用者である。しかし、この原則には、次の二つの例外がある。

第一に、労働契約を締結している使用者以外に、労働条件等について「現実的かつ具体的に支配・決定することができる地位にある者」がいる場合には、その労働条件等については、その者が不当労働行為の主体である使用者にあたると解されている（朝日放送事件・最高裁一九九五年二月二八日判決）。実質的に支配している者が労働契約上の使用者以外にいる場合に、実質的な権限をもっていない労働契約上の使用者とだけ団体交渉を行っても、労働条件の対等決定という法の趣旨は実現されないからである。例えば、派遣労働者の労働条件のうち、派遣先が現実的かつ具体的に支配・決定している労働条件については、派遣先会社も使用者として団体交渉に応じる義務を負うべきである。

第二に、「近い過去に使用者であった者」および「近い将来において使用者になる可能性がある者」については、不当労働行為の主体たる使用者とされることがある。具体的には、ある労働者が解雇された場合に、解雇をした使用者が、解雇された労働者の加入する労働組合から団体交渉を求められてこれに応じなければならないことがあり、また、採用拒否など採用をめぐる問題について、使用者となる可能性があった者の不公正な行為が不当労働行為とされることがある。

4 「労働者」という概念を再検討するために

いかにして、わかりやすくするか

以上のように、労働関係が多様化・複雑化するなか、労働法の基本となる「労働者」や「使用者」という概念についても、法の趣旨に応じた柔軟な解釈がなされる傾向にある。なかでも、労働法の適用対象を決める労働者概念については、強行法規の適用対象を決定する概念であることから、契約形式ではなく、労働の実態に応じた判断をすることが重要である。このことは、二〇一一年四月一二日の最高裁判決などにより、実務上も重視されるようになりつつある。

もっとも、さまざまな趣旨をもつ法の適用範囲について、それぞれの法の趣旨に沿って、労働の実態を示す多様な基準を総合的に考慮しながら、個別に法の適用の有無を判断していくというこれまでの方法は、当事者にとってわかりにくいという大きな難点をもつ。当事者にとっては、労働基準法と労働契約法と労働組合法とで適用範囲が微妙に異なるという点でも、細かい基準を総合的にあてはめて初めて結論が出るという点でも、労働者性はわかりにくく、あらかじめ予測することが難しい。それゆえに、労働法の最も基本にある問題であるにもかかわらず、裁判所に訴えて法的に争うことが難しいものとなっている。

この弊害を克服するためには、①判断基準をもっとシンプルなものとする、②判断の枠組みをより予測しやすいものとする、例えば、原則として労働者性を肯定し、使用者が例外的に労働者性を否定しようとする場合には、否定する根拠となる事由を契約書に明示する義務を課す、③労働者概念自体を一本化する、例えば、労働基準法上も労働契約法上も労働組合法上も、それらの適用対象たる労働者概念を同一のものとする、といった方法をとることが考えられる。①は解釈での対応も可能であるが、②と③は法律改正を要するものである。②についてはアメリカ法の動き、③についてはドイツ法などが参考になる。

それぞれの法の趣旨と当事者へのわかりやすさの双方を考慮しながら、労働者性について、どのような概念、どのような判断枠組み、どのような判断基準としていくかについて、諸外国の例も参考にしながら、改めて検討し直すべきときに来ているように思う。

第9章　労働法はどのようにして守られるのか
労働紛争解決のための法

法の重要な機能は、国家権力によってその実現が担保されていることにあった(三五頁以下参照)。なかでも、法の実現のための重要な役割を担っているのが、裁判所である。

私には、毎年一度、会いにいく人がいる。世界の労働法学を代表する碩学アントワーン・リヨン＝カーン(パリ西大学名誉教授)である。毎年のように本を出版するもう一人の労働法学の巨星アラン・シュピオ(コレージュ・ド・フランス教授)とは対照的に、アントワーンは、それほどたくさんの本を書いてはいない。しかし、その分、アントワーンの言葉は重い。

二〇一一年三月に会ったとき、彼は、次のように語った。

«Le juge est le dernier mot.»(裁判官は、最後の言葉である。)

この言葉の意味を探りながら、日本の労働法の実現方法の特徴と課題について考えてみよう。

1　裁判所に行く前の拠り所

アントワーン・リヨン゠カーンの言葉には、二つの意味がある。

第一の意味は、労働法では、裁判官の言葉(判決)の前に、法を実現する拠り所があるという意味である。彼が想定していたのは、会社と労働組合の間の集団的な労使関係である。

労使の話合いによる紛争の解決

労働関係をめぐる紛争については、まず、労使で話し合って解決することが望ましい。労働問題は、たくさんの労働者に共通する性格をもつことが多い。それは、例えばある労働者の配転や解雇など個別の人事措置についてもあてはまる。どのような場合に、どのような理由で、どのような手続にのっとって、そのような措置をとるのか、労働者に個人的な事情がある場合にそれにどのように対応するかといった点は、他の労働者に同じような措置がとられた場合にも共通するものである。それゆえ、ある労働者に対する個別の人事措置であったとしても、その制度の設計や運用のあり方について集団的に話し合い、今後の同様の問題も視野に入れて解決をすることが望ましい。

また、労働者は個人では本音をいいにくいこともある。集団的な基盤をもちながら発言する機会が設けられていることが、労使ともに本音を出し合って問題を前向きに解決していくためには重要である。

さらに、労働関係では一度問題が発生すると、その解決に時間やお金などのコストがかかり、労働関係そのものに支障が出てくる可能性もある。そこで、問題が発生する前に、その予防を図ることができるような制度を作っておくことも大切である。

このような観点から、会社と労働組合との間で、問題の解決や予防を図る制度を集団的に作り上げていくことが、労働紛争の解決方法として第一の重要なステップとなる。

労働者として問題に直面したとき、まずは労働組合に相談しよう。労働組合は、会社内にあることもあるし、地域合同労組のように会社の外にあることもある（一七三頁以下参照）。労働組合に相談すれば、会社と団体交渉を通じて、問題解決の糸口を探ってくれるだろうし、また、労働組合を介して、次に述べる労働委員会への救済申立てや裁判所への訴えがなされることもある。労働者としては身近な仲間として、会社としてはともに問題の解決や予防を図っていくパートナーとして、労働組合を認識することが大切である。

行政による紛争の解決

裁判所に行く前のもう一つのステージとして、行政機関による相談・あっせん・救済などがある。この行政による紛争解決制度には、大きく二つのものがある。

一つは、各都道府県に置かれている都道府県労働局で行われる個別労働紛争の解決のための相談などである。都道府県労働局は、現在のところ、労働基準監督署と同じように国の機関であり、近くの労働基準監督署に問い合わせれば、この相談の場所や方法などについて教えてくれる。具体的には、個別労働紛争解決促進法という法律に基づいて、個々の労働者と使用者の間の労働関係に関する個別労働紛争の簡易迅速な解決を促すことを目的として、次のようなことが行われている。①総合労働相談コーナーによるワンストップサービスの提供(三条)、②都道府県労働局長による助言・指導(四条)、③紛争調整委員会による紛争解決のためのあっせん(五条)などである。この総合労働相談コーナー(①)には、日本全体で年間一〇〇万件を超える相談が寄せられており、労働法をめぐる情報の提供や紛争解決に向けた援助などが行われている。

もう一つの行政機関として、労働委員会がある。労働委員会は、前に述べたように(一八三頁以下参照)、公労使三者によって構成される労働問題を専門とした行政委員会であり、都道府県労働委員会と中央労働委員会とからなる。前者は、各都道府県庁のなかに設けられている都道府県の機関であり、そこでは、①不当労働行為の審査・救済(労働組合法二七条以下)のほかに、②労働争議の調整(労働関係調整法一〇条以下)や、③個別労働関係紛争のあっせんが行われている(③は東京、兵庫、福岡を除く四四の都道府県労働委員会で行われている)。都道府県庁のなかにある労働委員会に問い合わせれば、どのような方法で相談に乗ってくれるか教えてくれる。また、各都道府県には労働問題についての相談を受け付ける窓口(労働相談センターなど)が設置されトラブル解決を促している場合もある。

このように、労働紛争に直面したときには、労働局や労働委員会などに相談するという方法もある。弁護士に相談したり、裁判所に行く前に、安い費用で利用できる拠り所として、これらの行政機関を有効に使うことも考えよう。

2　最後の拠り所としての裁判所

「正義の番人」としての裁判官

アントワーン・リヨン＝カーンの言葉には、もう一つの意味がある。それは、当事者間で紛争の解決ができず、また、労使の話合いのなかに不公正さが内在している場合に、最後の法の番人として正義を実現するために発言するのが、裁判官であるという意味である。

実際に、日本でも、労使の話合いによってつねに紛争が解決されるわけではなく、また、行政機関は問題を終局的に解決する権限をもっているわけではない。例えば、労働委員会による救済命令も、それに不服がある当事者は、裁判所に取消訴訟を提起することができる。日本でも、紛争を終局的に解決する最後の拠り所になるのは裁判所であり、なかでも最終的な判断を下すのは最高裁判所である。

裁判所利用者の少なさ

しかし、日本では、裁判所を利用する人の数はあまり多くない。例えば、フランスの労働審判所（個別労働紛争を扱う第一審裁判所）の一年間の新受件数（通常訴訟）は約一五万件〔二〇一五年〕、ドイツの労働裁判所（労働紛争を扱う裁判所）では約三六万件〔二〇一六年〕であるのに対し、日本では七一二六件（労働関係民事通常訴訟事件の新受件数三四九六件〔二〇一八年〕と労働審判事件の新受件数三六三〇件〔二〇一八年〕の合計）と、利用人数の桁が違っている。

労働問題について日本で裁判所を利用する人が少ない理由として、法社会学者のダニエル・H・フットは、日本的雇用システムの中心的な柱である長期雇用慣行の存在をあげている。日本の長期雇用慣行のもとでは、サービス残業や賃金引下げ、配転、セクハラなどで労働者が不満をもったとしても、裁判所に訴えて苦情をいうと会社内での人間関係を損ない、会社に留まることが難しくなってしまうことから、裁判所に訴えることを控えてしまうと説明されている（『裁判と社会』〔溜箭将之訳・NTT出版〕一〇九頁以下）。

もっとも、長期雇用慣行の枠外に置かれていることが多いパートタイム労働者などの非正社員についても、紛争を顕在化させたり、裁判所に訴えている比率が際立って高いわけではない。このことからすると、日本の労働者の裁判所利用率の低さは、長期雇用慣行以外の点にも理由がありそうである。行政による総合労働相談コーナー（二二二頁）に年間一〇〇万件を超える相談が寄せられていることからすると、日本でも労働紛争自体は潜在的にたくさん存在しているが、白黒をはっきりさせないで柔軟に問題を解決することを好む意識、つまり西洋的な「権利」の観念の希薄さが、いまの日本人にも残っていたり、裁判所より行政の方が立ち寄りやすいといった側面などがあいまって、日本の裁判所利用率の低さにつながっているのだろう。

利用しやすい裁判制度としての労働審判

たしかに、裁判所を利用しようとすると、弁護士の先生に相談したり依頼をするのにお金がかかったり、裁判がはじまっても判決が出るまでに時間がかかったりするため、一般の市民にとっては裁判所の敷居はそう低くはないのかもしれない。また、労働関係は集団性・継続性・人間性などがからみあった複雑な性格をもつため、労働紛争の核心を理解し解決を図っていくためには、単に法律の条文を読めるだけでは足りないこともある。

このような状況を踏まえて、労働問題、なかでも近年増加している個別労働関係紛争について、裁判所による一般的な紛争解決手続(民事通常訴訟、保全訴訟、簡易裁判所による少額訴訟手続・民事調停)のほかに、二〇〇四年の労働審判法によって、労働審判という特別の手続が設けられ、二〇〇六年四月から実施されている。

この労働審判手続は、当事者が裁判所に申立てをすることによって開始される。その審理は、裁判官(労働審判官)一名と労働関係の専門的知識を有する者(労働審判員)二名の合計三名で構成される労働審判委員会が行う。審理は公開の法廷ではなく、非公開の部屋で行われる。審判官・審判員と両当事者で円卓を囲んで行われることが多い。労働審判委員会は、速やかに審理を進め、原則として三回以内の期日で審理を終結させなければならない。そこでは、調停、すなわち両当事者の合意による解決が試みられるが、調停に至らない場合には、委員会の合議によって、権利関係を踏まえた解決案としての審判が提示される。当事者のいずれかまたは双方が、この審判に不満をもち、異議を申し立てた場合、労働審判の申立ての時点にさかのぼって訴訟の提起があったものとみなされ(通常訴訟への移行)、より本格的な審理が行われることになる。

この労働審判手続により、裁判所のなかで、労働問題の専門家である労働審判員の意見を取り込みながら、労働紛争を迅速に解決することが可能となった。これまでの実績では、ほとんどの事件が三回以内の期日で終了し、平均審理日数は約二・六月となっている。また、事件の七割以上は、調停成立により解決されている。東京大学社会科学研究所が、全国の裁判所の協力を得て二〇一八年に実施した「第二回労働審判制度利用者調査」(速報値)によると、かかった時間について、利用者の多く(労働者の四四・九%、使用者の四九・六%)が「非常に短い」または「やや短い」と答えており、審理が迅速に進められたとの感想が多い。また、審理を担当した審判官と審判員への満足度については、労働者、使用者とも、「とても満足している」または「少し満足している」との回答が多かった(審判官については、労働者の六二・九%、使用者の五八・五%。審判員については、労働者の五六・七%、使用者の四七・二%)。もっとも、労働審判にかかった費用については、労働者、使用者とも、弁護士に支払った金額が「非常に高い」または「やや高い」とするものが少なくなく(労働者の三八・七%、使用者の三七・五%)、裁判にかかる費用の面でなお課題が残っているといえる。

このように、裁判所といっても、労働紛争については、労働審判という迅速で専門的な解決手続が用意されている。労働審判を利用すれば、裁判官と労使の専門家の力を借りて、早期に紛争の解決が得られることが多いということを、もっと広く皆さんに知ってもらうことが大切である。同時に、労働審判手続をより安く利用しやすいものにするために、フランスの労働審判所、ドイツの労働裁判所、イギリスの雇用審判所などと同様に、弁護士だけでなく、労働組合や使用者団体もより広く代理人となれるようにすることが考えられるだろう。

3　紛争解決の第一歩

権利を守り、公正な社会を築くために

日本の労働紛争解決制度の最大の特徴は、既に述べたように、裁判所の利用者数が欧米諸国に比べ圧倒的に少ないことである。これに対し、総合労働相談コーナーという行政サービスは、相談件数が年間一〇〇万件を超えるほど、数多く利用されている。もっとも、行政相談だけでは紛争の終局的な解決に至らないという限界がある。

このような状況のなか、実際の労働の現場では、労働法の教科書に書いてあることとは程遠い、ひどい事件が数多く起きている。労働政策研究・研修機構の濱口桂一郎氏らがまとめた『個別労働関係紛争処理事案の内容分析――雇用終了、いじめ・嫌がらせ、労働条件引下げ及び三者間労務提供関係』(労働政策研究報告書一二三号)は、実際の労働紛争の実像を丹念に分析している。法と実態の乖離が日本の労働法の大きな特徴となっている。

不条理な事態に直面したときに、泣き寝入りしたのでは自分の権利や信念は守れない。それだけでなく、法と乖離した実態を容認することは、会社側に法は守らなくてもよい、さらには、

表5　労働者が問題を抱えたとき

① 労働組合(社内・社外)に相談する
② 都道府県労働局(総合労働相談コーナーなど)に相談する →　労働局長による助言・指導 紛争調整委員会によるあっせん　など
③ 都道府県労働委員会に相談する →　不当労働行為の審査・救済 労働争議の調整 個別労働関係紛争のあっせん　など
④ 法テラスや弁護士に相談する →　②③⑤　などへ
⑤ 裁判所へ →　労働審判 通常訴訟　など

法を守っていては激しい競争に生き残れないという意識を植えつけ、公正な競争の前提自体が損なわれる事態を生む。例えば、違法なサービス残業をさせないと、同様に違法なことをしている他の会社と対等に競争できないという状況を生み出したりするのである。それは、現場で働いている人たちの人間性を蝕み、結局、そのような組織や社会は長続きしないという結果に陥る。このままでは、日本の会社の多くや日本の社会そのものがそういう状態になりかねない。

困ったことがあったら、まずはだれかに相談してみよう。労働法について相談できる窓口は、社内の労働組合や社外の労働組合、労働基準監督署や都道府県労働局、都道府県労働委員会、弁護士や自治体による法律相談、法テラスなど、たくさんある（表５参照）。これらの相談窓口や裁判所などの紛争解決制度をより利用しやすいものに改めていくことも大切であるが、これらの窓口や制度の存在をより多くの皆さんに知ってもらうことが、まず何よりも重要である。

自分が問題に直面したり、友人から相談を受けたりしたときには、インターネットでホームページをみたり、電話で問い合わせるなどして、自分や友人にあった相談窓口を探し、それらを気兼ねなく利用しながら、自分たちの権利や利益を一つ一つ守っていってほしい。それは、自分や友人のためはもちろんのこと、会社のためにも、社会全体のためにもなる。

第10章
労働法はどこへいくのか
労働法の背景にある変化とこれからの改革に向けて

私が労働法の研究をはじめた一九九〇年には、もう労働法の変革の時代がはじまっていた。当時の労働法のキーワードは「柔軟性(flexibility)」。工業化時代の硬直的な労働法、とりわけ労働時間規制を、時代の変化にあったものに柔軟化することが、世界的な課題とされていた。

そしていま、約三〇年の歳月を経て、世界の労働法学では「内省(reflexivity)」や「潜在能力(capability)」に注目が集まっている。複雑化する事態のなかで、問題に直面している労使が主体的に問題の解決や予防に取り組むことを、その限界や弊害も考慮しながら、法のなかに取り込んでいくこと、そして、さまざまな環境に置かれた諸個人がその潜在能力を発揮できるような制度的基盤を提供することが、労働法学や労働法制の大きな課題とされているのである。そのなかで、日本の状況はどうなっているのだろうか。

1　日本の労働法の方向性

二つの言説

日本の労働法の方向性をめぐって、次のような言説がある。

社会経済の成長・成熟に伴い、労働法の対象となる労働者像が、画一的で、取締的で、強行的な規制を加える対象になじむ「集団としての労働者」から、当事者の意思を尊重しつつ、個別的で、補完的な方法で任意的規制を行う方が適切な「個々人としての労働者」へと転換しつつあるように思われる。労働の世界における、このような「個人としての労働者」の登場は、従来の労働法の規制の前提を大きく変えつつある。……現在は、労働法を、労働市場での取引に労働者に対し不可欠な諸種のサポートをする市場経済のサブシステムであると再把握して、その再編成を図るべきときに立ち至っている。（菅野和夫・諏訪康雄「労働市場の変化と労働法の課題――新たなサポート・システムを求めて」日本労働研究雑誌四

一八号七頁・九頁）

これは、今日の労働者像が「集団としての労働者」から「個人としての労働者」に転換しつつある状況を踏まえて、これを規制する労働法も「個人としての労働者」の取引行為（個別の労働契約）をサポートするシステムにシフトしていくべきであると述べたものである。労働契約法による労働契約をめぐるルールの明確化や、労働契約をめぐる紛争の解決を行政と司法の両面で促進しようとする個別労働紛争解決促進法と労働審判法の制定は、この見解に沿って進められた改革である。

しかし、これとは違った方向性を示す論考もある。

使用者との関係で従属的地位に置かれた労働者について、その自己決定を現実に保障するためには、このような国家法の効果的な助力が不可欠である。……労働者の自己決定のための使用者への規制は、決して背理などではなく、むしろ人間らしい労働条件の実現という労働法の基本目的からして不可欠の要請といわなければならない。労働者の自己決定のために使用者の自己決定を制限するための制度としては、もちろん労働組合が存在するが、それの機能が脆弱な日本においては、ヨーロッパ諸国よりも一層、国家法が重要な役割を担わざるをえないのである。（西谷敏『規制が支える自己決定——労働法的規制システムの再構築』〔法律文化社〕三九九頁以下）

これは、労働者の自己決定を現実に保障するためには、国家による法規制が不可欠であり、とりわけ労働組合の機能が脆弱である日本では、ヨーロッパ諸国よりも国家法の役割が重要になると主張するものである。近年の労働法の動きのなかでは、例えば、働き方改革関連法により、時間外労働の上限時間を罰則付きで設定したり、正規・非正規労働者間の不合理な待遇格差を法律で禁止して強行的に是正するなど、国家による規制を強化して日本的雇用システムに内在する弊害を解消しようとする動きがある。これらは、この論考と同じ方向性に立った改革といえる。

このように、日本の労働法をめぐっては、「個人」としての労働者に視点を移して個別の労働契約をサポートする方向に進むべきであるとする見解と、人間らしい労働条件の実現のためには「国家」による法規制が重要であるとする見解が存在している。そして、現実の労働法の動きをみると、これらの二つの方向に向けた改革が並行して進められている状況にある。これらの方向性について、どう考えるべきか。

2 「個人」か「国家」か――その中間にある「集団」の視点

改革の背景にあるもの

たしかに、一方で、人間の基本的な価値にかかわる生命・身体、平等取扱い、人格権などの基本的権利については、国家がこれを保障するルールを定め、国家による規制・管理によって、これらを保護する必要性はなお高い。グローバル化の急速な進展によって、人間の基本的な価値が侵害される事態が顕在化・深刻化しているとすれば、国家の介入によって必要な措置を講じるべき必要性は高まっているといえる。

もっとも、他方で、社会が多様化・複雑化するなか、国家が画一的にルールを定めて強制するのではなく、多様な状況に置かれている個人の選択・決定を重視する必要性も高まっている。そのなかで、「自律した個人」による個別の取引(労働契約)をサポートするシステムとして、労働契約をめぐるルールの明確化や個別紛争解決制度の整備が進められている。

留意すべき点――「国家」と「個人」に内在する問題点

しかし、これらの動きに対しては、一定の留保が必要である。

第一に、社会の多様化・複雑化が進むなか、現場の実態から離れた国家には、多様な問題をきめ細かく把握・認識して実態に応じた適切な解決を図っていく能力や資源の点で、限界がある。事件は会議室ではなく、現場で起きている。国会や役所が詳細なルールを法令で定めたとしても、それが労働の現場の実態やその急速な変化に合わず、法は守られないで法と実態が乖離したまま終わる可能性がある。

しかしながら、第二に、個人の取引を重視した社会では、個人の能力や情報の限界に伴う弊害が顕在化するおそれがある。例えばアメリカでは、一九七〇年代以降、個人の自由を基盤としたグローバル資本主義が広がっていくなかで、社会的な不平等が急速に拡大していった。この例は、「個人」を中心とした社会の弊害について重要な示唆を与えるものといえる。また、集団的な性格(「公共財性」)をもつ労働条件について、「個人」による個別の取引に切り分けて交渉をすると、取引費用がかさんだり、ある者の利己的な行動により他の者の行動にも悪い影響を与えることになる。例えば、ある労働者が長時間働いたら、他の労働者もそうしないと競争に負けると思って働きすぎてしまう。このように、個別の取引は経済的にも非効率なものとなる可能性がある。

「集団」の視点

そこで、国家による規制を現場の多様な実態に適応できるものとしていくためにも、また、個別取引における個人の能力や情報の限界を補うためにも、「国家」と「個人」の中間にある「集団」的な組織やネットワークによって問題の認識と解決・予防を図っていくこと、そのための制度的な基盤を作り上げていくことが、これからの労働法の重要な課題となる。ここでいう「集団」とは、労働組合、労働者代表組織、あるいは労働問題を専門として労使をサポートする社会的ネットワーク(非営利団体)等をいう。

例えば、具体的には、次の三つの課題がある。第一に、労働者の健康確保や男女間の差別の是正といった政策目的を達成するために、各企業や事業場での集団的な話合いに基づいて、それぞれの実態にあった問題の認識と解決を図るサイクルを実現すること、そしてそれを法的に促していくことである。第二に、労働条件の内容や変更について、さまざまな観点や意見を取り込んだ集団的な話合いを行うことによって、多様な意見や利益の総合的な調整を図った決定を行っていくことである。その際、公正な手続による複眼的な調整を経た決定は、法的に有効

（合理的）であると推定することが考えられる。第三に、これらの集団的な話合いを行う場を広く作り出していくことである。

ただし、この「集団」を作るときにも留意すべき点がある。この「集団」が日本の旧来の「企業共同体」的な性格をもち、それが閉鎖的で内向きのものになってしまった場合、「集団」によって「個人」が抑圧される危険性がある。例えば、組織の論理が優先されて過重労働を余儀なくされ、自分自身を見失ってしまうことがある。さらに、集団の内部の者や多数者によって外部の者や少数者が排除・差別される、例えば正社員の集団によってパートタイム労働者や派遣労働者などが部外者扱いされるといった事態が生じるおそれもある。このような弊害が生じないようにするために、集団を作るときには、その透明性や開放性を確保し、公正な形でコミュニケーションが行われるよう十分に注意する必要がある。

3　これからの労働法の姿――「国家」と「個人」と「集団」の適切な組合せ

これからの労働法は、「国家」と「個人」、そしてそれらを補完する「集団」を適切に組み合わせる形で構成されるものになるだろう。

「国家」の役割

第一に、国家が担うべき重要な役割として、①個人間の契約や集団的な取決めによって侵害されるべきでない生命・身体、平等取扱い、人格権といった人間の基本的な価値を定め、それらを保障していくこと、②国家としての基本的な政策、例えばワーク・ライフ・バランスの推進、非正規労働者の能力開発の推進といった方向性を定め、その実現に向けて当事者を誘導していくこと、③これらの権利保障や政策的誘導の枠組みとプロセスのモデルを定めることが考えられる。

例えば、①については、労働者の生命・身体が損われるような働き方を禁止するために、労働時間の上限時間や休息時間の保障を定め、それを罰則付きで守らせることが考えられる。②については、非正規労働者の能力開発による労働者の職業能力の底上げという政策目的を実現するために、各企業において労使の話合いを踏まえて行動計画を作成・実施させること、そして非正規労働者の離職率が低下するなど一定の成果がみられた場合には、雇用保険の保険料を減額することが政策の一例である。③についていえば、労使が話し合って行動計画を作成し実現していくためのプロセスのモデル、例えば plan-do-check-act の循環によって継続的な事態の改善を図っていくPDCAサイクルなどを示すことである。

グローバル競争が激しくなるなかで、人間の基本的な価値が侵害される事態が深刻化すればするほど、人間の基本的価値を保障するための国家の役割①は重要になる。また、この後述べるように、社会の多様化・複雑化が進むなかで、現場の実態にあった労使の取組みを尊重する必要性が高まれば高まるほど、労使の自主的な取組みをサポートする役割②・③は大きくなる。これらの国家の役割は、民主主義のプロセスに従って定められるべきものである。

「個人」の役割

第二に、社会が多様化・複雑化するなかで、多様な状況に置かれている個人の選択・決定を重視すべきとの要請も高まっている。ここにいう「個人」の役割は次の二つの側面をもつ。

一つは、右に述べた国家による規制や次に述べる集団的な取決めに反しない範囲内で、自分の意思に沿って自由に行動することである。働くことに対する人びとの考え方は、さまざまである。「はじめに」の中村さんのように一生懸命働くことを好む人もいれば、末広さんのように自分の自由な時間をより大切にしたい人もいる。それぞれの人にそれぞれの考え方があることをお互いに尊重しながら、自分の信念や選択に従って生きていく自由が、それぞれの個人にある。この個人の自由を尊重しあうことが、日本の企業社会や労働法にとってこれからの一つの重要な課題となる。ドイツ法学者の村上淳一の言葉を借りれば、「別様である他者を認め(る)こと」、「それぞれが個性的な生き方を選べるという意味での個人(を)尊重(すること)」を、日本社会でいかに実現するかという課題である(『〈法〉の歴史』〔東京大学出版会〕一八一頁以下参照)。

もう一つは、「国家」によって保障された権利を享受する主体として、また、次に述べる「集団」を構成するメンバーとして、より積極的に行動することである。国家によって権利や自由が保障されていたとしても、それが侵害されている自分の状態を黙認してしまうことは、間接的に他人の権利や自由が侵害される、すなわち他人を同様の状況に追い込んでしまうことにもつながる。自分の権利が損なわれた場合には、誰か(どこか)に相談し、適切な行動をとるべきである(二二〇頁以下参照)。また、自分自身のためにも、自分が属する組織や社会のためにも、次に述べる集団の構成員として積極的に発言をしたり活動を行い、集団的なネットワークによって国家や個人の能力や情報の限界を補っていく役割を担うことが期待される。

「集団」の役割

社会の多様化・複雑化が進み、また、グローバル競争が激しくなると、国家や個人の能力や情報の限界が浮き彫りになっていく。先にも述べたように、国家が法律によって詳細な規制を定めたとしても、多様で複雑な現場の実態にあわず、法が実効的に機能しないことが多い。また、激しい競争のなかで、労働者個人の交渉力の弱さが顕在化したり、労働者も企業も目先の利益にとらわれた近視眼的な行動に出る傾向がみられる。

そこで、国家が定めたルールを現場の多様な実態にあった形で具体的に実現していくためにも、また、個別の契約における個人の交渉力の弱さや判断能力の限界を補っていくためにも、第三の主体としての「集団」の役割が重要になる。「国家」と「個人」の中間にある主体として、労働組合などの「集団」的な組織やネットワークを作り上げ、この集団の自主的な取組みによって、または国家による誘導やサポートを受けながら、それぞれの現場の実態や認識に沿った形で、中長期的な視点も踏まえた問題の認識と解決・予防システムを作っていくことが期待されているのである。

伝統的な労働法においては、この集団的な関係は、労働組合と会社の間の労使関係のなかで培われてきた。そして今後も、労働組合があるところでは、それが労働者の集団的な話合いの重要な基盤となるだろう。しかし、それが正社員を中心とした内向きの性格をもっているとすれば、そこに外からの風を入れ、外にも目を向けて話合いができる組織に変えていく必要がある。また、労働組合がないところでは、労使の自主的な努力によりこの集団的な話合いの基盤が作り上げられることが望ましいが、当事者の自主的な努力のみでこれを広く作り上げていくことが難しいとすれば、政策的にそれを促すことも必要であろう。例えば、労働者が会社や職場で自分たちの代表を比例代表選挙によって選び出し使用者と話合いを行う労働者代表制度を法律上定め、そこで公正な話合いが行われることを政策的に促していくことが考えられる。また、労働問題を専門とする外部の非営利団体が、各企業の労使に専門的な情報を提供し、政策目的の実現や健全な労使関係の形成に向けてサポートすることを、政策的に促すことも考えられるだろう。

このように、新しい社会状況のなかで、従来の「集団」的な労使関係に場合によっては透明性と開放性という新しい風を入れてその息を吹きかえらせること、または法律によって新たな「集団」的制度を作り出していくこと、さらには外部の専門的な非営利団体が各労使をサポートすることを政策的に促すことによって、国家と個人との間に立ち、両者の能力を補う「集団」的な基盤を作り上げていくことが、これからの日本の労働法のもう一つの重要な課題となる。

このような日本の労働法や労働法学の方向性は、「内省」を法的に取り込んで制度化し、さまざまな環境に置かれた諸個人の「潜在能力」の発揮を促そうとする世界の労働法や労働法学の潮流と、基本的に方向性を同じくするものである。

4　労働法の未来の鍵

人びとは、ずっと昔から働いていた。そして、働くことについての認識やルールは、歴史のなかで、人びとの意識や社会のあり方に応じて変わってきた。そしていま、大きな社会変化のなかで、労働法はまた大きな変革のときを迎えている。

ここで変革の鍵を握っているのは、現場で働いている労働者の声とそれを受け止める会社の姿勢である。一人一人が、「個人」として自分の生き方や働き方を決め、「集団」のなかで自分の意見や考え方について発言することによって会社や社会の持続的な発展に貢献し、また、民主主義のプロセスを通じて「国家」のあり方にも関与する。労働法は、人びとの意識や社会のあり方と深く結びつきながら、動態的に変化していく。

これからの労働法のあり方を決めるのは、皆さんである。

あとがき

この本は、大学で労働法を勉強したわけではない一般の市民の皆さんに向けて、労働法の全体的な姿をわかりやすく説き明かすことを試みたものである。しかし、ただわかりやすく労働法の全体をなぞっただけでは、皆さんにあまり興味をもってもらえないかもしれない。そこで、単に労働法の姿を表面的になぞるのではなく、その背景や基盤にある思想や社会のあり方から労働法の構造や枠組みを掘り起こし、そこから、日本の労働法の特徴や今後の課題をできるだけ論理を一貫させて解き明かしていくことを、この本の特徴としようと考えた。このねらいが成功しているかどうかは、読者の皆さんのご判断に委ねたい。

本書では、その性格上、労働法の細部にわたる説明は省略し、労働法の骨格部分を描き出すことに努めた。また、参考文献等の提示も必要最小限のものにとどめた。労働法のより具体的な内容や参考文献等を知りたい方は、次の教科書等を参照してほしい。

菅野和夫『労働法』（弘文堂）
西谷敏『労働法』（日本評論社）
荒木尚志『労働法』（有斐閣）
水町勇一郎『詳解労働法』（東京大学出版会、近刊）

約八年前に初版を執筆した際には、岩波書店新書編集部の小田野耕明さんにお世話になった。そして今回、新版を執筆するにあたっては、同部の伊藤耕太郎さんにサポートいただいた。お二人のご助力がなければ、このような形で本書を再び世に出すことはできなかった。

小田野さん、伊藤さん。そして、この本を最後まで読んでくださった皆さん。ありがとう。

あとがきから読んでいる方は、ページを戻して、ぜひ中身も読んでみてください。皆さんの生き方や考え方の参考になることが、この本のなかからすこしでもみつかるとすれば、うれしいです。

二〇一九年五月

水町勇一郎

わ 行

な 行

は 行

ま 行

や 行

ら 行

さ 行

た 行

事項索引

水町勇一郎

1967年佐賀県生まれ
1990年東京大学法学部卒業
現在ー東京大学社会科学研究所教授
専攻ー労働法学
単著ー『パートタイム労働の法律政策』『労働社会の変容と再生――フランス労働法制の歴史と理論』『集団の再生――アメリカ労働法制の歴史と理論』『「同一労働同一賃金」のすべて』『労働法 第7版』(以上，有斐閣)
編著ー『個人か集団か？ 変わる労働と法』(勁草書房)，『差別禁止法の新展開――ダイヴァーシティの実現を目指して』『労働市場制度改革――日本の働き方をいかに変えるか』『労働時間改革――日本の働き方をいかに変えるか』『非正規雇用改革――日本の働き方をいかに変えるか』(以上，共編著，日本評論社)，『労働法改革――参加による公正・効率社会の実現』(共編著，日本経済新聞出版社) ほか

労働法入門 新版　　岩波新書(新赤版)1781

2019年6月20日　第1刷発行

著　者　水町勇一郎《みずまちゆういちろう》

発行者　岡本　厚

発行所　株式会社 岩波書店
〒101-8002 東京都千代田区一ツ橋2-5-5
案内 03-5210-4000　営業部 03-5210-4111
https://www.iwanami.co.jp/

新書編集部 03-5210-4054
http://www.iwanamishinsho.com/

印刷・三陽社　カバー・半七印刷　製本・中永製本

ISBN 978-4-00-431781-4　　Printed in Japan

岩波新書新赤版一〇〇〇点に際して

ひとつの時代が終わったと言われて久しい。だが、その先にいかなる時代を展望するのか、私たちはその輪郭すら描きえていない。二〇世紀から持ち越した課題の多くは、未だ解決の緒を見つけることのできないままであり、二一世紀が新たに招きよせた問題も少なくない。グローバル資本主義の浸透、憎悪の連鎖、暴力の応酬――世界は混沌として深い不安の只中にある。

現代社会においては変化が常態となり、速さと新しさに絶対的な価値が与えられた。消費社会の深化と情報技術の革命は、種々の境界を無くし、人々の生活やコミュニケーションの様式を根底から変容させてきた。ライフスタイルは多様化し、一面では個人の生き方をそれぞれが選びとる時代が始まっている。同時に、新たな格差が生まれ、様々な次元での亀裂や分断が深まっている。社会や歴史に対する意識が揺らぎ、普遍的な理念に対する根本的な懐疑や、現実を変えることへの無力感がひそかに根を張りつつある。そして生きることに誰もが困難を覚える時代が到来している。

しかし、日常生活のそれぞれの場で、自由と民主主義を獲得し実践することを通じて、私たち自身がそうした閉塞を乗り超え、希望の時代の幕開けを告げてゆくことは不可能ではあるまい。そのために、いま求められていること――それは、個と個の間で開かれた対話を積み重ねながら、人間らしく生きることの条件について一人ひとりが粘り強く思考することではないか。その営みの糧となるものが、教養に外ならないと私たちは考える。歴史とは何か、よく生きるとはいかなることか、世界そして人間はどこへ向かうべきなのか――こうした根源的な問いとの格闘が、文化と知の厚みを作り出し、個人と社会を支える基盤としての教養となった。まさにそのような教養への道案内こそ、岩波新書が創刊以来、追求してきたことである。

岩波新書は、日中戦争下の一九三八年一一月に赤版として創刊された。創刊の辞は、道義の精神に則らない日本の行動を憂慮し、批判的精神と良心的行動の欠如を戒めつつ、現代人の現代的教養を刊行の目的とする、と謳っている。以後、青版、黄版、新赤版と装いを改めながら、合計二五〇〇点余りを世に問うてきた。そして、いままた新赤版が一〇〇〇点を迎えたのを機に、人間の理性と良心への信頼を再確認し、それに裏打ちされた文化を培っていく決意を込めて、新しい装丁のもとに再出発したいと思う。一冊一冊から吹き出す新風が一人でも多くの読者の許に届くこと、そして希望ある時代への想像力を豊かにかき立てることを切に願う。

（二〇〇六年四月）

政治

日米安保体制史　吉次公介
官僚たちのアベノミクス　軽部謙介
在日米軍　変貌する日米安保体制　梅林宏道
憲法改正とは何だろうか　高見勝利
共生保障〈支え合い〉の戦略　宮本太郎
シルバー・デモクラシー　戦後世代の覚悟と責任　寺島実郎
憲法と政治　青井未帆
18歳からの民主主義　岩波新書編集部編
検証 安倍イズム　柿崎明二
右傾化する日本政治　中野晃一
外交ドキュメント 歴史認識　服部龍二
日米〈核〉同盟　原爆、核の傘、フクシマ　太田昌克
集団的自衛権と安全保障　豊下楢彦・古関彰一
日本は戦争をするのか　半田滋
アジア力の世紀　進藤榮一

民族紛争　月村太郎
自治体のエネルギー戦略　大野輝之
政治的思考　杉田敦
現代日本の政党デモクラシー　中北浩爾
サイバー時代の戦争　谷口長世
現代中国の政治　唐亮
日本の国会　大山礼子
戦後政治史〔第三版〕　石川真澄・山口二郎
〈私〉時代のデモクラシー　宇野重規
大臣〔増補版〕　菅直人
生活保障　排除しない社会へ　宮本太郎
「ふるさと」の発想　西川一誠
「戦地」派遣　変わる自衛隊　半田滋
民族とネイション　塩川伸明
昭和天皇　原武史
集団的自衛権とは何か　豊下楢彦
沖縄密約　西山太吉
ルポ 改憲潮流　斎藤貴男

吉田茂　原彬久
安心のファシズム　斎藤貴男
市民の政治学　篠原一
東京都政　佐々木信夫
有事法制批判　憲法再生フォーラム編
日本政治 再生の条件　山口二郎編著
安保条約の成立　豊下楢彦
岸信介　原彬久
自由主義の再検討　藤原保信
一九六〇年五月一九日　日高六郎編
日本の政治風土　篠原一
近代の政治思想　福田歓一
日本精神と平和国家　矢内原忠雄

岩波新書より

ケインズ　伊東光晴
アダム・スミス　高島善哉
資本論の世界　内田義彦
資本論の経済学　宇野弘蔵

岩波新書より

社会

サイバーセキュリティ　谷脇康彦
まちづくり都市 金沢　山出　保
虚偽自白を読み解く　浜田寿美男
総介護社会　小竹雅子
戦争体験と経営者　立石泰則
住まいで「老活」　安楽玲子
現代社会はどこに向かうか　見田宗介
EVと自動運転 クルマをどう変えるか　鶴原吉郎
ルポ 保育格差　小林美希
津波災害〔増補版〕　河田惠昭
棋士とAI　王　銘琬
原子力規制委員会　新藤宗幸
東電原発裁判　添田孝史
日本問答　田中優子　松岡正剛
日本の無戸籍者　井戸まさえ
〈ひとり死〉時代のお葬式とお墓　小谷みどり

町を住みこなす　大月敏雄
親権と子ども　榊原富士子　池田清貴
歩く、見る、聞く 人びとの自然再生　宮内泰介
対話する社会へ　暉峻淑子
悩みいろいろ　金子　勝
魚と日本人 食と職の経済学　濱田武士
ルポ 貧困女子　飯島裕子
鳥獣害 動物たちと、どう向きあうか　祖田　修
科学者と戦争　池内　了
新しい幸福論　橘木俊詔
ブラックバイト 学生が危ない　今野晴貴
原発プロパガンダ　本間　龍
ルポ 母子避難　吉田千亜
日本にとって沖縄とは何か　新崎盛暉
日本病 長期衰退のダイナミクス　金子　勝　児玉龍彦
雇用身分社会　森岡孝二
生命保険とのつき合い方　出口治明

ルポ にっぽんのごみ　杉本裕明
鈴木さんにも分かるネットの未来　川上量生
地域に希望あり　大江正章
世論調査とは何だろうか　岩本　裕
フォト・ストーリー 沖縄の70年　石川文洋
ルポ 保育崩壊　小林美希
多数決を疑う 社会的選択理論とは何か　坂井豊貴
アホウドリを追った日本人　平岡昭利
朝鮮と日本に生きる　金　時鐘
被災弱者　岡田広行
農山村は消滅しない　小田切徳美
復興〈災害〉　塩崎賢明
「働くこと」を問い直す　山崎　憲
原発と大津波 警告を葬った人々　添田孝史
縮小都市の挑戦　矢作　弘
福島原発事故 被災者支援政策の欺瞞　日野行介
日本の年金　駒村康平

岩波新書より

変えてゆく勇気	上川あや
戦争で死ぬ、ということ	島本慈子
社会学入門	見田宗介
冠婚葬祭のひみつ	斎藤美奈子
壊れる男たち	金子雅臣
少年事件に取り組む	藤原正範
いまどきの「常識」	香山リカ
働きすぎの時代	森岡孝二
桜が創った「日本」	佐藤俊樹
生きる意味	上田紀行
ルポ 戦争協力拒否	吉田敏浩
ウォーター・ビジネス	中村靖彦
男女共同参画の時代	鹿嶋敬
当事者主権	中西正司 上野千鶴子
ルポ 解雇	島本慈子
豊かさの条件	暉峻淑子
人生案内	落合恵子
若者の法則	香山リカ
自白の心理学	浜田寿美男
原発事故はなぜくりかえすのか	高木仁三郎
日本の近代化遺産	伊東孝
証言 水俣病	栗原彬編
コンクリートが危ない	小林一輔
東京国税局査察部	立石勝規
ドキュメント 屠場	鎌田慧
能力主義と企業社会	熊沢誠
沖縄 平和の礎	大田昌秀
現代社会の理論	見田宗介
原発事故を問う	七沢潔
災害救援	野田正彰
命こそ宝 沖縄反戦の心	阿波根昌鴻
スパイの世界	中薗英助
都市開発を考える	大野輝之 レイコ・ハベ・エバンス
ディズニーランドという聖地	能登路雅子
原発はなぜ危険か	田中三彦
豊かさとは何か	暉峻淑子
農の情景	杉浦明平
光に向って咲け	粟津キヨ
異邦人は君ヶ代丸に乗って	金賛汀
読書と社会科学	内田義彦
科学文明に未来はあるか	野坂昭如編著
プルトニウムの恐怖	高木仁三郎
社会科学における人間	大塚久雄
沖縄ノート	大江健三郎
地の底の笑い話	上野英信
この世界の片隅で	山代巴編
音から隔てられて	入谷仙介 林瓢介編
ものいわぬ農民	大牟羅良
民話を生む人々	山代巴
死の灰と闘う科学者	三宅泰雄
米軍と農民	阿波根昌鴻
沖縄からの報告	瀬長亀次郎
暗い谷間の労働運動	大河内一男
ユダヤ人	J-P・サルトル 安堂信也訳
社会認識の歩み	内田義彦
社会科学の方法	大塚久雄

岩波新書より

自動車の社会的費用　宇沢弘文

(2018. 11)　(D4)

福祉・医療

- 賢い患者　山口育子
- ルポ 看護の質　小林美希
- 健康長寿のための医学　井村裕夫
- 不眠とうつ病　清水徹男
- 在宅介護　結城康博
- 和漢診療学 あたらしい漢方　寺澤捷年
- 不可能を可能に 点字の世界を駆けぬける　田中徹二
- 医と人間　井村裕夫編
- 医療の選択　桐野高明
- 納得の老後 日欧在宅ケア探訪　村上紀美子
- 移植医療　橳島次郎・出河雅彦
- 医学的根拠とは何か　津田敏秀
- 転倒予防　武藤芳照
- 看護の力　川嶋みどり
- 心の病 回復への道　野中猛
- 重い障害を生きるということ　髙谷清
- 肝臓病　渡辺純夫
- 感染症と文明　山本太郎
- ルポ 認知症ケア最前線　佐藤幹夫
- 医の未来　矢﨑義雄編
- パンデミックとたたかう　押谷仁・瀬名秀明
- 健康不安社会を生きる　飯島裕一編著
- 介護 現場からの検証　結城康博
- 腎臓病の話　椎貝達夫
- がんとどう向き合うか　額田勲
- がん緩和ケア最前線　坂井かをり
- 人はなぜ太るのか　岡田正彦
- 児童虐待　川﨑二三彦
- 生老病死を支える　方波見康雄
- 医療の値段　結城康博
- 認知症とは何か　小澤勲
- 障害者とスポーツ　高橋明
- 生体肝移植　後藤正治
- 放射線と健康　舘野之男
- 定常型社会 新しい「豊かさ」の構想　広井良典
- 健康ブームを問う　飯島裕一編著
- 血管の病気　田辺達三
- 医の現在　高久史麿編
- 日本の社会保障　広井良典
- 居住福祉　早川和男
- 高齢者医療と福祉　岡本祐三
- 看護 ベッドサイドの光景　増田れい子
- 医療の倫理　星野一正
- ルポ 体験 世界の高齢者福祉　山井和則
- リハビリテーション　砂原茂一
- 指と耳で読む　本間一夫
- 自分たちで生命を守った村　菊地武雄